Harun Yuvacı

Beden Eğitimi Öğretmenliği Mesleğine Yönelik Tutumlar

Harun Yuvacı

Beden Eğitimi Öğretmenliği Mesleğine Yönelik Tutumlar

Sınıf ve Beden Eğitimi Öğretmenliği Mezunu Öğretmenlerin Beden Eğitimi Mesleğine Yönelik Tutumlarının Karşılaştırılması

Türkiye Alim Kitapları

Impressum / Künye
Bibliografische Information der Deutschen Nationalbibliothek: Die Deutsche Nationalbibliothek verzeichnet diese Publikation in der Deutschen Nationalbibliografie; detaillierte bibliografische Daten sind im Internet über http://dnb.d-nb.de abrufbar.

Deutsche Nationalbibliothek tarafından yayınlanan bibliyografik bilgiler: Deutsche Nationalbibliothek, bu yayını Deutsche Nationalbibliografie'de listeler; detaylı bibliyografik bilgi İnternet'te http://dnb.d-nb.de sitesinde mevcuttur.

Coverbild / Kitap kapağı resmi: www.ingimage.com

Verlag / Yayıncı:
Türkiye Alim Kitapları
ist ein Imprint der / yayınevinin bir ticari markasıdır
OmniScriptum GmbH & Co. KG
Bahnhofstraße 28, 66111 Saarbrücken, Deutschland / Almanya
Email / E-posta: info@turkiye-alim-kitaplary.com

Herstellung: siehe letzte Seite /
Basım yeri: son sayfaya bakın
ISBN: 978-3-639-67396-8

TEŞEKKÜR

Bu çalışmanın oluşturulması, yönlendirilmesi ve gerçekleştirilmesi için her konuda sürekli destek olan, değerli zamanını ayıran ve önemli katkılarda bulunan danışmanım sayın Doç. Dr. Hakkı ÇOKNAZ' a içtenlikle teşekkür ederim.

Ayrıca, araştırma öneri aşamasında iken değerli görüşleriyle araştırmaya yön veren değerli hocam Doç. Dr. Dilşad MİRZEOĞLU'na, Yrd. Doç. Dr. Müfide ÇOTUK'a ve çeviride yardımcı olan değerli abim Recep UYSAL'a tüm bu hazırlık sürecinde yanımda oldukları ve desteklerini esirgemedikleri için değerli ailem ve sevgili eşim Esra YUVACI' ya teşekkürü bir borç bilirim.

İÇİNDEKİLER

Sevgili eşim Esra'ya…

TABLOLAR LİSTESİ

KISALTMALAR

BESYO	Beden Eğitimi Spor Yüksekokulu
UMBS	Ulusal Mesleki Bilgi Sistemi
MEB	Milli Eğitim Bakanlığı
TEGM	Temel Eğitim Genel Müdürlüğü
YGS	Yükseköğretime Geçiş Sınavı
LYS	Lisans Yerleştirme Sınavı
ÖSYM	Öğrenci Seçme ve Yerleştirme Merkezi
TBF	Tercih Bildirim Formu
DGS	Dikey Geçiş Sınavı
TTKK	Talim Terbiye Kurulu Kararı
METK	Milli Eğitim Temel Kanunu
BEDÖP	Beden Eğitimi Dersi Öğretim Programı

ÖZET

SINIF VE BEDEN EĞİTİMİ ÖĞRETMENLİĞİ MEZUNU ÖĞRETMENLERİN BEDEN EĞİTİMİ MESLEĞİNE YÖNELİK TUTUMLARININ KARŞILAŞTIRILMASI

Yuvacı, Harun

Danışman: Doç. Dr. Hakkı ÇOKNAZ

Ekim-2015

BESYO mezunu öğretmenlerin cinsiyete, deneyim yılına, görev yaptıkları okulda spor salonu olup olmamasına göre öğretmenlik mesleğine karşı tutumlarında fark olmadığı tespit edilmiştir ($p>0.05$). Sınıf öğretmenliği mezunu beden eğitimi öğretmenlerin öğretmenlik mesleğine karşı tutumlarının cinsiyete, kıdem yılına, öğretmenlik yaptıkları okullarda spor salonu olup olmamasına göre öğretmenlik mesleğine karşı tutumlarında fark olmadığı tespit edilmiştir ($p>0.05$). BESYO mezunu ve sınıf öğretmenliği mezunu beden eğitimi öğretmenlerinin cinsiyete göre öğretmenlik mesleğine ilişkin tutumlarında anlamlı bir farklılık bulunmuştur ($p<0.05$). BESYO mezunu ve Sınıf öğretmenliği mezunu kadın beden eğitimi öğretmenlerinin mezuniyet durumlarının öğretmenlik mesleğine karşı tutumlarında istatistiksel bir farka rastlanmamıştır ($p>0.05$). BESYO mezunu ve sınıf öğretmenliği mezunu erkek beden eğitimi öğretmenlerinin mezuniyet durumuna göre öğretmenlik mesleğine karşı tutumlarında istatistiksel bir fark bulunmuştur ($p<0.01$). BESYO mezunu kadın ve sınıf öğretmenliği mezunu erkek beden eğitimi öğretmenlerinin mezuniyet ve cinsiyet durumuna göre öğretmenlik mesleğine karşı tutumlarında istatistiksel olarak anlamlı bir fark bulunmuştur ($p<0.05$). BESYO mezunu erkek ve sınıf öğretmenliği mezunu kadın beden eğitimi öğretmenlerinin cinsiyet durumuna göre öğretmenlik mesleğine karşı tutumlarında istatistiksel bir fark görülmemiştir ($p>0.05$). BESYO mezunu ve sınıf öğretmenliği mezunu beden eğitimi öğretmenlerinin görev yaptıkları okullardaki spor salonu durumuna göre öğretmenlik mesleğine karşı tutumlarının karşılaştırılması sonucu istatistiksel bir farka rastlanmıştır ($p<0.05$). BESYO mezunu ve sınıf öğretmenliği mezunu beden eğitimi öğretmenlerinin kıdem yıllarına öğretmenlik mesleğine karşı tutumlarının karşılaştırılması sonucu istatistiksel olarak anlamlı bir farklılık bulunmamıştır ($p>0.05$).

Anahtar Kelimeler: Tutum, Beden Eğitimi Öğretmeni, Sınıf Öğretmeni

ABSTRACT

COMPARISON OF ATTITUDES OF PHYSICAL EDUCATION TEACHERS AND SCHOOL TEACHERS TOWARD TEACHING PROFESSION

Yuvaci, Harun

Thesis Advisor : Assist. Prof Hakkı ÇOKNAZ

October- 2015

The resalts of this study showed that both physical education teaching graduates and school teachers didn't show significant differences in their attitudes according to their gender, teaching experience and whether they to have gym. in their school.

There was a significant difference found in attitudes of both pysical education teaching graduates and school teachers according to their gender.

When it was looked at the attitudes of phy. edu. teaching,it was fond that graduates according to their gender,there was not significant differences in their attitues. Also there was not significant differences in attitudes of pysical education teaching graduates whether do have gym in their school ar not.

Both pysical education teaching graduates and school teachers didn't show any significant differences in their attitudes according to their teaching experience.

Keywords: Attitudes, Physical Education Teacher, School Teacher.

I.BÖLÜM

1. Giriş

Öğretmen adaylarının seçiminde öğretmenlik mesleğini seven ve isteyen adayların seçilmesi, nitelikli öğretmen yetiştirmenin ilk adımıdır denilebilir. Bu bağlamda, öğretmen yetiştiren kurumlarda öğrenim gören öğretmen adaylarının öğretmenlik mesleğine ilişkin tutumlarının incelenmesi ve ortaya çıkan bulgular doğrultusunda bu tutumlarının geliştirilmesi için gerekli önlemlerin alınması şarttır. Öğretmenlik mesleğine ilişkin tutumları en çok etkileyen faktörlerin öğretmen adaylarının cinsiyetleri, öğrenim gördükleri programların türleri, öğrenim gördükleri sınıflar ve öğretmenlik mesleğini tercih etme nedenleri olarak sıralanabilir (Özder, Konedralı ve Zeki 2010).

İnceoğlu (1993) yaşamda her şeyin, insanların tutumlarına bağlı olduğunu ileri sürmektedir. Bilimsel olarak incelenmesi 19.yy'da başlayan tutum, Latince olan kökeninde 'harekete hazır' anlamına gelmektedir. Özgüven (1998)'e göre tutum, bireyin belirli bir objeyi, kişiyi, grubu, kurumu veya bir düşünceyi kabul ya da reddetme yönünde davranmaya, duygusal bir hazır oluş hali veya eğilimidir. Başka bir tanımda tutum, psikolojik bir sürecin herhangi bir değer yargısıyla damgalanmış bir nesne veya duruma ilişkin olarak bireyin olumlu mu yoksa olumsuz mu duygusal tepki göstereceğini belirleyen, oldukça sürekliliği olan bir hazır olma durumudur (Sherif, 1996).

Tutumlar insan davranışlarını anlamada önemli bir kavram olarak karşımıza çıkarlar. Tutumu tanımlamak için literatürde farklı tanımların yapıldığı görülmektedir. Tavşancıl (2002)'a göre tutum, yaşantı ve deneyimler sonucu oluşan, ilgili olduğu bütün nesne ve durumlara karşı bireyin davranışları üzerinde yönlendirici ya da dinamik bir etkileme gücü olan duygusal ve zihinsel hazırlık durumudur. Demirel (2003) tutumu "bireyi belli insanlar, nesneler ve durumlar karşısında belli davranışlar göstermeye iten öğrenilmiş eğilim olarak tanımlamıştır. Bu eğilim belirli nesne, durum, kavram veya diğer insanlara karşı öğrenilmiş olumlu ya da olumsuz tepkide bulunma eğilimidir" şeklinde tanımlamaktadır (Tezbaşaran, 1997).

Genel olarak bakıldığında tutumlar bireyin duygu, düşünce ve davranışlarını etkilemektedir. Buna göre, hangi branş olursa olsun, öğretmenlerin mesleklerine karşı olan tutumları öğretmenlik mesleğini daha çok sevmelerinde, meslekte daha başarılı olmalarında ve mesleğin gereklerini yerine getirmede büyük önem taşımaktadır (Durmuşoğlu, Yanık ve Akkoyunlu, 2009). Çünkü bir mesleğe yönelik tutum ve algılar, mesleki yeterlilik algılarını ve meslekteki başarıları etkilemektedir (Terzi ve Tezci, 2007).

Tutumlar ve onların oluşması, değişmesi/değiştirilmesi, ölçülmesi genelde psikolojinin, özelde sosyal psikolojinin önemli konularından birini oluşturmaktadır (Erkuş, 2003). Tutum konusuna bu denli önem verilmesinin nedeni, bireyin çevresine uyumunu kolaylaştıran bir sistem oluşturmalarının yanı sıra, davranışlarını da yönlendirici bir güce sahip olmalarından kaynaklanmaktadır. Tutumların davranışların gerisindeki yönlendirici güçler olduğu bilinmektedir. Tutum dinamiğinin incelenmesi ile bir yandan tutumların işleyiş biçimi belirlenebilecek ve davranışların ön kestirimleri olanağı doğacak, diğer yandan tutum değişimi sürecinin koşulları saptanacak ve insan davranışları, tutumları kontrol edilerek denetim altına alınabilecektir (İnceoğlu, 1993).

İlhan (2004)'a göre bir eğitim sisteminin en önemli öğelerinden biri öğretmendir. Sistemi oluşturan bütün öğelerin, yetiştirilecek öğrencilerin daha yaratıcı ve verimli olması için niteliklerinin arttırılması gereklidir. Bu nedenle daha nitelikli öğretmene, daha çağdaş öğretim programlarına, daha uygun ortamlara, daha kaliteli yönetime ve daha istekli öğrencilere gereksinim vardır. Sistemin her bir parçası, süreci ve sonucu etkiler; birinin eksikliği verimi düşürür. Eğitim sisteminin iyileştirilmesine yönelik çalışmalar çok yönlü düşünülmelidir.

Özellikle öğretmenin niteliğini artırmaya yönelik çalışmalarda öğretmenin bu konuya inanması sağlanmalıdır. Öğretmenler ve öğretmenlik mesleğindeki nitelik konusu sadece Türkiye'de değil dünyanın pek çok ülkesinde de çok sık gündeme gelen bir konudur. Öğretmenlik mesleği ve bu mesleği yürüten profesyonellerin mesleğin gereklerini yerine getirişleriyle ilgili düzenlemeler Türkiye Cumhuriyeti'nin kuruluşundan beri üzerinde hep konuşulan bir konu var olagelmiştir (Seferoğlu, 2004).

Öğretmenin kişisel özellikleri, öğretme ve öğrenme sürecini izlemedeki becerisi, deneyimleri, öğrenciler ve çevreyle ilişkileri onların çalışmalarını ve başarılarını etkiler (Aydın, 1993). Öğretmenlik mesleği, çağın gelişmelerini ve değişikliklerini takip etmeyi, sürekli kendini geliştirmeyi, sabırlı olmayı ve özverili çalışmayı gerekli kılan önemli bir meslektir. Öğretmenlik mesleğinde başarılı olabilmek ancak öğretmenliği sevmekle mümkün olabilir (Çiçek ve Sağlam, 2008). Bununla birlikte öğretmenin başarısını etkileyen bir başka önemli faktör olarak öğretmenin mesleğe yönelik tutumu gösterilmektedir (Güneyli ve Aslan, 2009). Tutumlar, "öğretmenlerin öğrencileri etkileyen en önemli kişilik özelliklerinden birisidir ve özellikle mesleğe, öğrenciye ve okul çalışmalarına yönelik tutumlar, öğrencilerin öğrenmesine ve kişiliğine geniş ölçüde etki etmektedir" (Küçükahmet, 2003).

1.1.Araştırmanın Amacı

Bu çalışmayla "Sınıf ve Beden Eğitimi Öğretmenliği Mezunu Öğretmenlerin Beden Eğitimi Mesleğine Yönelik Tutumlarının Karşılaştırılması" amaçlanmıştır.

1.2.Araştırmanın Önemi

İlkokulların 4 yıla indirilmesi ve 4+4+4 yeni eğitim sisteminin uygulanmaya başlaması ile birlikte, çok sayıda sınıf öğretmeninin norm kadro fazlası durumuna ve çok sayıda branş öğretmeni açığının oluşmasına neden olmuştur. MEB, bünyesinde oluşan bu durumu pratik bir işlemle mezuniyetlerinde yan alanı olan sınıf öğretmenlerini branş öğretmenliğine geçirerek çözümleme yoluna gitmişti. MEB bu işlemleri 2012 Alan Değişikliği Kılavuzu'na göre yapmıştır. 21-26 Eylül 2012 tarihlerinde alan değiştirmek isteyen sınıf öğretmenlerinin başvurularını kabul etmiştir, 27 Eylül 2012 tarihinde de başvuru sonuçlarını açıklamıştı. Akabinde 28 Eylül 2012 tarihinden itibaren de branşa geçen sınıf öğretmenlerinin atamalarını gerçekleştirmiştir.(http://www.memurhaber.com/sinifogretmenialandegisikligiiptalh20482.html).

Türkiye'de sınıf öğretmenliği ve beden eğitimi öğretmenliği mezunu öğretmenlerin beden eğitimi mesleğine yönelik tutumlarını karşılaştıran bir çalışmaya rastlanmamıştır. Ayrıca sınıf öğretmenliği ve beden eğitimi öğretmenliği mezunu öğretmenlerinin beden eğitimi mesleğine yönelik tutumlarında farklılık olabileceği düşünülmektedir. Yapılacak bu araştırma her iki grup beden eğitimi öğretmenlerinin beden eğitimi öğretmenliği mesleğine karşı tutumları arasında fark olup olmadığını çeşitli değişkenlerle ilk defa ortaya koymak açısından önemlidir. Böyle bir çalışma ile konu ile ilgili kişilere bilgi verilecek olması ve bundan sonra yapılacak çalışmalara ışık tutması, çalışmayı değerli kılmaktadır.

1.3.Araştırmanın Problemi

" Sınıf ve Beden Eğitimi Öğretmenliği Mezunu Öğretmenlerin Beden Eğitimi Mesleğine Yönelik Tutumları arasında istatistiksel bir fark var mıdır? " sorusu bu araştırmanın problem cümlesini oluşturmaktadır.

1.3.1 Alt problemler

1. BESYO mezunu öğretmenlerinin cinsiyetleri, kıdem yılları, öğretmenlik yaptıkları okullarda spor salonu olup olmaması mesleğe yönelik tutumlarını etkilemekte midir?

2. Sınıf öğretmenliği mezunu beden eğitimi öğretmenlerin cinsiyetleri, kıdem yılları, öğretmenlik yaptıkları okullarda spor salonu olup olmaması mesleğe yönelik tutumlarını etkilemekte midir?

3. Sınıf öğretmenliği mezunu öğretmenler ile BESYO mezunu öğretmenlerin cinsiyetleri, kıdem yılları, öğretmenlik yaptıkları okullarda spor salonu olup olmaması mesleğe yönelik tutumlarını etkilemekte midir?

1.4.Sayıltılar

1- Katılımcıların ölçeğe içten ve samimi cevaplar verdikleri varsayılmaktadır.

1.5.Sınırlılıklar

1- Araştırma 2013-2014 eğitim-öğretim yılı bahar döneminde Kocaeli ili orta öğretim okullarında görev yapan beden eğitimi öğretmenleri ile sınırlandırılmıştır.

1.6.Tanımlar

Eğitim: Eğitim, çocuğa toplumsal yaşamda kolaylıkla ve etkili bir vatandaş olarak yaşayabilmesi için gereksinim duyduğu bilgileri, becerileri, tutumları ve değerleri kazandırmasıdır (Tanrıöğen, 2006).

Beden Eğitimi: Bireyin sağlığını, ruh sağlığını, beden becerilerini geliştirmeye yönelik, gerektiğinde çevresel koşullara ve katılımcıların özelliklerine göre değiştirilebilen esnek kurallara dayalı oyuna, cimnastiğe, spora dönük, alıştırma ve çalışmaların tümünü kapsayan geniş tabanlı bir etkinliktir (Güneş, 2004).

Öğretmen: Alkan (1998)'e öğretmen şu şekilde tanımlamıştır: Sosyal, kültürel, ekonomik, bilimsel ve teknolojik boyutlara sahip, alanda özel uzmanlık, bilgi ve becerisini temel alan akademik ve mesleki formasyonu gerektiren profesyonel bir uğraşı alanıdır.

Beden Eğitimi Öğretmeni: Türk gençliğinin fiziken ve ruhen sağlıklı bir şekilde gelişimini sağlayan, sporu kitlelere yayan ve sevdiren, Türk sporunun ve sporcusunun uluslararası alanlarda başarılı olmasını sağlayan, aynı zamanda ilköğretim ve ortaöğretim düzeyinde beden eğitimi öğretmenliği yapan kişidir (UMBS, 2012).

Sınıf Öğretmeni: Çalıştığı eğitim kurumunda, öğrencilere, okuma-yazma, temel vatandaşlık, matematik, sosyal bilimler, doğa bilimleri, sanat, spor gibi konularda eğitim veren kişidir (TTKK, 2006).

Tutum: Tutum, bireyin kendine ya da çevresindeki herhangi bir nesne, toplumsal konu ya da olaya karşı deneyim, motivasyon ve bilgilerine dayanarak örgütlediği zihinsel, duygusal ve davranışsal bir tepki ön eğilimidir (İnceoğlu, 2004).

II. BÖLÜM

Bu bölümde araştırma problemine ışık tutacak kuramsal temeller ile bu konuda yapılmış yerli ve yabancı araştırmalara yer verilmiştir.

2.1. Kuramsal Temeller

2.1.1. Eğitim

Eğitim, bireyin doğumundan ölümüne kadar devam eden bir süreçtir. Bu süreç içerisinde kazanılan bilgi, beceri ve tutumlar gözle görülebilen değişikliklere neden olur. Eğitim çeşitli bakış açılarına, durumlara ve beklentilere göre kişilerce değişik şekillerde tanımlanmıştır.

Sözlüklerin eğitim için yaptıkları tanımların dışında eğitimcilerin de yapmış olduğu değişik tanımlar vardır. Bu farklılıklar tüm sosyal içerikli kavramlarda olduğu gibi eğitimcilerin farklı felsefi görüşlerinden ve bakış açılarından kaynaklanmaktadır. Ertürk (1972) eğitim tanımını şöyle yapar: eğitim bireyin davranışlarında kendi yaşantısı yoluyla ve kasıtlı olarak istendik değişme meydana getirme sürecidir. Bu tanıma göre eğitimin bir süreç, sürekli bir oluşum olduğu, eğitimi bireyin duyuş, düşünüş ve tavır yönünden değiştirme süreci olduğu, davranış değiştirme özelliğinin bireyin kendi yaşantısıyla gerçekleştirebileceği sonucu ortaya çıkabilir. Bir başka tanıma göre ise: eğitim yürürlükteki değerlerin, bilgilerin ve hünerlerin yetişen kuşaklara iletilmesi ve kazandırılmasıdır (Ozankaya, 1982).

Fakat eğitimin aktarmacılık yönü dışında kişide beden ve ruh kabiliyetini uyandırmak, geliştirmek ve bireyin gizli güçlerini ortaya çıkarmak gibi işlevleri olan dinamik bir süreç olduğu da unutulmamalıdır. Öymen (1969)'in eğitim tanımı şu şekildedir: Eğitim kişinin kendisindeki cevherlerin gelişmesi ve davranışlara uygun yeni kazançları sağlayan düşünceler dizisidir.

Eğitim kişinin yetişmesi, gelişmesi için toplum itibarı bakımından bireysel, sosyal ve siyasal bir kurum olarak görülmektedir (Alıcıgüzel, 1975). Eğitim, önceden saptanmış amaçlara göre insanların davranışlarında belli gelişmeler sağlamaya yarayan planlı etkiler dizgesidir (Oğuzkan, 1993). Eğitimin, fiziksel uyarımlar sonucu, beyindeki istendik biyokimyasal değişiklikler oluşturma süreci olduğu da diğer bir yaklaşımdır (Sönmez, 1994).

Eğitim Sözlüğünde eğitim, 'bireyin yaşadığı toplumda, uygulama değeri olan yetenek, yöneliş ve diğer davranış örüntülerini kazandığı süreçler toplamı olarak tanımlamakta; ayrıca eğitimin bireyin toplumsallaşmasında ve birey gelişimin oluşmasında seçkin ve kontrollü bir çevreyi ve okul etkinliklerini içine alan toplumsal bir süreç olduğu vurgulanmaktadır (Demirel ve Ün, 1987). Karatekin, Merey ve Kuş (2012), eğitimi: her hususta önce insanoğlunun bugünkü ve yarınki yaşamına bir müdahale olarak tanımlamaktadır.

Eğitim, insanın doğumu ile ölümü arasında geçen bir yaşam biçimidir ve bireyde istendik davranış değişikliği meydana getiren sistemli bir süreçtir (Tyler, 1950).
Taba (1962) eğitimi; "kişinin bilgi, beceri, anlayış ve kavrama gücünde değişiklik gerçekleştirmek" olduğunu belirtmektedir. Diğer bir tanımda ise Özdemir (2006) eğitimi şu şekilde açıklamıştır: Geçmişte bilgili insan, her şeyi bilen ya da başkalarının ürettiği bilgileri kafasında depolayan kişi olarak tanımlanmaktaydı. Bu nedenle geçmiş yüzyıllarda eğitim, daha çok var olan bilgi birikiminin, kültürel değerlerin ve yaşamsal becerilerin yeni yetişen kuşaklara aktarılması olarak görülmüştür. Bugün ise bilgili insan; bilginin farkında olan, bilgiye ulaşmanın yollarını bilen, ulaştığı bilgiyi anlamlandırarak öğrenen, öğrenmiş olduğu bilgilerden yeni bilgiler üretebilen ve ürettiği bilgileri sorun çözmede kullanabilen kişidir.

Eğitim, yeni kuşakların toplum yaşayışında yerlerini almak için hazırlanırken, gerekli bilgi, beceri ve anlayışlar elde etmelerine ve kişiliklerini geliştirmelerine yardım etme faaliyeti, önceden belirlenmiş amaçlara göre, insanların davranışlarında belirli gelişmeler sağlamaya yarayan planlı faaliyetler çizelgesidir. Ya da her kuşağa geçmişin bilgi ve deneyimlerini düzenli bir biçimde aktarma ya da kazandırma işi olarak tanımlanabilir (Oğuzkan, 1981).

2.1.1.1. Eğitimin amacı

Amaçlar eğitim politikalarına yön verir. Eğitim politikası bir eğitim kurumunun veya bir toplumun öngörülen eğitim amaçlarına ulaşabilmek amacıyla alacağı kararlarına temel teşkil edecek hükümleri kapsayan genel plandır. Bu planın şekillenmesinde değerler sistemi ile değişen toplumsal ve ekonomik etkenlerin etkisi büyüktür (Alaylıoğlu ve Oğuzkan 1976; Demirtaş ve Güneş, 2002). Bursalıoğlu (1991) eğitimin amaçlarını şöyle açıklar: Örgütlerin (örneğin MEB, okullar, polis, işletmeler gibi) amacı birçok biçimde ifade edilebilir. Verimi artırmak, emeği azaltmak, madde ve insan kaynaklarını kontrol edebilmek, çatışmayı en az dereceye indirmek, bireysel sapmayı azaltmak, insan davranışını kestirme olanaklarını çoğaltmak gibi görüşler bunlardan birkaçıdır. Demokratik ülkelerde eğitim örgütünün amaçları halkın özlem ve değerleri ile çağın özellikleri arasındaki dengeyi kurmakla etkili hale gelebilir. Aksi halde halkla örgüt ve üyeleri devamlı bir sürtüşme durumunda kalırlar. Demokratik bir toplumda, devlet sistemini seçmekte kendisine hak verilen vatandaştan, eğitim sistemi üzerinde bu hakkı esirgemek, savunulması güç bir aykırılıktır.

Eğitim örgütlerinde amaçların birçok işlevi vardır. Örgütün amaçlarının olduğunun birey tarafından bilinmesi, bireyin rol performansını etkiler. Amaçlar örgüt üyeleri için yön belirler ve belirsizliği azaltır; örgütün değerlendirilmesi için standart sağlar. Amaçlarının tüm örgüt çalışanları tarafından bilinmesini sağlayan, amaçları örgüt düzeyinde ortak bir bilgi yapan örgütler, ortak insan çabasını eyleme geçirmede önemli bir avantaj sağlarlar (Aydın 2005).

Aydın, 2005 örgütün amaçlarının karşıladığı işlevleri beş noktada toparlar.

1- Amaçlar, örgüt üyeleri tarafından bilindikleri ve vurgulandıkları ölçüde, birey ve grupların çabalarına ve etkinliklerine yol gösterir.
2- İş görenlerin eylem ve kararlarına gerekçe oluşturur, onlara yasallık (meşruiyet) kazandırır. Eylemlere ve etkinliklere yöneltilen eleştirilere karşı savunmanın dayanağını oluşturur.
3- Amaçlar, rol performansının başarı derecesinin saptanmasında ölçüt işlevi görür.
4- Amaçlar örgütün yapısını biçimlendirir.
5- Amaçlar örgüt hakkında bilgi sağlar

Amaçların örgüt üyeleri (öğretmen ve eğitim yöneticileri gibi) tarafından yeterince ya da doğru bilinmemesi halinde resmi (formal) amaçlar değil, her eğitimcinin kendi amaçları yürürlükte olacak ve eğitim örgütü etkisizleşecektir. Bunun sonucunda eğitim birliği ortadan kalkıp, asgari müşterekleri olmayan, ortaklıkların farkında olmayan ama her türlü farklılığı öne çıkaran insan yığınları ortaya çıkacaktır. Ulusal birliğin, millî kültürün, çeşitli değer yargılarının ortadan kalkmasıyla millet olmaktan çıkılıp sıradan bir kalabalığa dönüşmek kaçınılmazdır (Aydın, 2005).

Türkiye'de program geliştirme alanının öncülerinden Varış (1988) eğitimde amaçların işlevsel değerini şöyle sıralamaktadır:

1- Eğitimin amaçları okulun rolünü belirler.
2- Eğitimin amaçları karar vermeye rehberlik eder.

3- Eğitimin amaçları okulda öğrenim tecrübelerinin seçimine rehberlik eder.

4- Öğrenci motiflerinin gelişmesinde rehberlik eder. Öğretmen, amaçlar doğrultusunda bilgi ve becerisini öğrenciyi motive etmek için kullanır.

5- Programın değerlendirilmesinde amaçlar temel teşkil eder.

6- Programın geliştirilmesine olanak teşkil eder.

Amaç kelimesinin niyet, gaye, hedef, maksat, erek, ülkü gibi kelimelerle anlam yakınlığı bulunur ve ulaşılmak istenen noktayı ifade eder. Söz konusu eğitim olunca eğitim aracılığıyla bireylere ve topluma kazandırılması gereken niteliklerin ortaya konulması anlaşılır.

Eğitim hedefleri beş başlık altında incelenmektedir: (1) Eğitimin uzak amaçları, (2) Eğitimin genel amaçları, (3) Eğitim kademelerinin amaçları, (4) Derslerin amaçları ve (5) Konunun amaçlarıdır. Bu amaçlar hiyerarşik olarak sıralanmıştır. Uzak amaçlar çok soyut, derslerin amaçları ise daha ayrıntılı ve somuttur. Bütün amaçlar üst amaç olan uzak amaçlara uygun olmak zorundadır. Derslerde hedeflere ulaşıldıkça eğitim kademesinin hedeflerine, orada hedeflere ulaşınca genel amaçlara ve genel amaçlara ulaşılınca da uzak amaçlara ulaşılmış olunur (METK, 1973).

- Eğitimin uzak amaçları

Uzak amaçlar bir ülkenin toplumsal, siyasal ve ekonomik alanlarını kapsayan genel amaçlardır. O ülkenin siyasal felsefesini yansıtırlar (Tezcan, 1994). Bunlar Anayasada belirtilir. Örneğin demokratik, laik, sosyal ve hukuk devleti olmak gibi. Eğitim, bu nitelikleri kazandıracak yurttaşları yetiştirmekle ödevlidir.

Eğitimin nihai amacı "milletimizi çağdaş uygarlığın yapıcı, yaratıcı ve seçkin bir ortağı yapmak" olarak belirlenmiştir. Atatürk de bu amacı "kültürümüzü çağdaş uygarlık düzeyinin üstüne çıkarmak" olarak ifade etmiştir (METK, 1973).

- Eğitimin genel amacı

Genel amaçlar ülkenin eğitim felsefesini yansıtır. Toplumun değer ve ideallerini gösterir. Bu anlamda amaçlar ülkenin yurttaşlarının hangi durumlarda nasıl davranacaklarını belirleyen, önceden saptanan ilkelerdir. Okullar bu amaçlara ulaşmak için vardır. Belirtilen amaçlara ulaşılmıyorsa eğitim sistemi başarısızdır (METK, 1973).

"Türk millî eğitiminin genel amacı, Türk milletinin bütün fertlerini (METK, 1973);

1. Atatürk inkılâp ve ilkelerine ve Anayasa'da ifadesini bulan Atatürk milliyetçiliğine bağlı; Türk milletinin millî, ahlaki, manevî ve kültürel değerlerini benimseyen, koruyan ve geliştiren; insan haklarına ve Anayasa'nın başlangıcındaki temel ilkelere dayanan demokratik, laik ve sosyal bir hukuk devleti olan Türkiye Cumhuriyeti'ne karşı görev ve sorumluluklarını bilen ve bunları davranış hâline getirmiş yurttaşlar olarak yetiştirmek.

2. Beden, zihin, ahlâk, ruh ve duygu bakımlarından dengeli ve sağlıklı şekilde gelişmiş bir kişiliğe ve karaktere, hür ve bilimsel düşünme gücüne, geniş bir dünya görüşüne sahip, insan haklarına saygılı, kişilik ve teşebbüse değer veren, topluma karşı sorumluluk duyan, yapıcı, yaratıcı ve verimli kişiler olarak yetiştirmek.

3. İlgi, istidat ve kabiliyetlerini geliştirerek gerekli bilgi, beceri, davranışlar ve birlikte iş görme alışkanlığı kazandırmak suretiyle hayata hazırlamak ve onların, kendilerini mutlu kılacak ve toplumun mutluluğuna katkıda bulunacak bir meslek sahibi olmalarını sağlamak.

Her kişi ya da kurum kendince insan yetiştirmeye kalkarsa yetişen bu insanların bir arada yaşamaları mümkün değildir. Ayrıca resmi olarak belirlenen amaçların hem kendi içinde tutarlı hem de bilimsel olduğu varsayılır. Eğer bir kısım kişi ya da kuruluş bu amaçlarla hemfikir değilse, herkesin hemfikir olduğu amaçları belirlemek, gerekirse bunun için toplumu ikna etmek gerekir. Bu oluncaya kadar herkes bu amaçlar doğrultusunda insan yetiştirmeye devam etmelidir. Aksi takdirde ortak algı veya asgari müştereki olmayan insanlar ortaya çıkar ve kalkınıp gelişmek bir yana, böylesi bir toplumda barış içinde yaşamak zorlaşır (METK, 1973).

2.1.1.2. Eğitimin önemi

Birey ve toplumların gelişmesinde ve ilerlemesinde en önemli faktör eğitimdir. Eğitimin önemi ve gereği gün geçtikçe daha da çok artmaktadır. Bilgi toplumu olmanın ilk şartı, eğitimli insan sayısının artmasına bağlıdır. Aktepe (2004) eğitimin önemini şu şekilde yansıtmaktadır: Problemleri çözmek için yollar arayan, yaratıcı, ilgi ve amaçlarını gerçekleştirmede bencil olmayan, adil, insan ilişkilerinde demokratik ve özerk, sosyal ve kültürel konularda esnek, bütünleyici özellikleri ağır basan, meslek kültürü oluşmuş insanı yetiştirmek ancak eğitimin önem ve gereğine inanmış toplumlarda mümkün olabilmektedir (Aktepe, 2004).

2.1.2. Beden eğitimi

Beden Eğitimi, bireyin fiziksel aktiviteler aracılığıyla, psikomotor, bilişsel ve toplumsal alanda gelişimine katkıda bulunan bir süreçtir. Baumgatner ve Jackson (1975) beden eğitimini şu şekilde açıklamaktadır: Beden Eğitimi, insanın sosyalleşebilmesi ve kişiliğini bulup doğru bir çizgi üzerinde yol almasında büyük bir rol oynar.

Beden eğitimi karmaşık bir terimdir. Doğal olarak aklın ve vücudun birleşmesine yönelirken, fizyoloji, psikoloji ve diğer dalları içererek, bir bütün halinde bulunan insan mekanizmasını göstermektedir. Beden eğitimi, insanın hareket potansiyeli ve bununla ilgili tepkileriyle ve tepkilere dayalı olarak ortaya çıkan, kişideki davranış değişiklikleriyle ilgili olan eğitim olayının bir evresidir (Tekin ve ark., Yıldız, Lök ve Taşğın, 2009). Saracoğlu, Soylak, Elçi (2001) beden eğitiminin bir öğrenme süreci olduğunu ve egzersiz, spor, oyun, dans, doğa ve macera aktiviteleri gibi bedensel etkinliklerle ilgili davranışları, tutumları ve bilgiyi geliştirmeyi temel aldığını belirtmektedir.

Etkili ve çekici bir eğitim unsuru olan spora fonksiyonel ve modern eğitim modelinde, planlama faaliyeti içerisinde gereken önemin verilmesinde fayda vardır. "Beden eğitimi ve spor" hareket faktörünün her çeşidini ve bütün prensiplerini kaplar. İnsan vücudunun belli amaçlar için eğitilmesi düşüncesinin, insanlığın evren üzerindeki varlığı kadar eksi olduğunu kabul edersek, genel eğitimle ilgili olarak yapmış olduğumuz açıklama, kavram ve tanımları beden eğitimi ve spor alanıyla bağdaştırmak, özel tanımlamalar yapmak, bir ihtiyaç olarak karşımıza çıkmıştır (Silverman ve Sunbramaniam, 1999). Beden eğitimi ve spor insanlık tarihi kadar eski bir oluşumdur. İlk çağlardan beri insan vücudunun belli amaçlar için geliştirilmesi amaçlanmıştır. Bunun dışında beden eğitimi şöyle açıklanabilir: Beden eğitimi, kişinin fiziksel hareketlere katılmak suretiyle davranışlarında kasıtlı olarak beden eğitimin amaçlarına uygun bedensel, duygusal, sosyal ve zihinsel değişim meydana getirme sürecidir (Tamer ve Pulur, 2001).

Açak (2005)'a göre beden eğitimi, insanları hem ruhen hem fikren ve bedenen olgunlaştıran, geliştiren, en az yorgunluğa karşılık en çok fayda sağlayan cimnastik, oyun ve spor faaliyetlerini içine alan bir bilimdir. Beden eğitimi oyun, cimnastik ve spor gibi eğitici bütün bedensel etkinlikler aracılığıyla yapılan bir eğitimdir. İnsanların bedenen, ruhen ve fikren gelişmesini, organizmanın bütünlüğünü zedelemeden dengeli bir şekilde gelişmesini sağlayan, bireyi kendisine ve bulunduğu topluma yararlı bir insan olarak yetiştiren bilimsel beden faaliyetlerine beden eğitimi denir (Açak, 1997).

2.1.2.1. Beden eğitiminin amacı

Amaçlar iki farklı yaklaşımla ele alınmıştır (Bucher,1987).
Bunlar:

1. Bedenin eğitilmesi veya hareket etmenin öğrenilmesi: Bu görüş beden eğitiminin amacının, beden ve beceri gelişiminin sağlanması olduğunu savunmuştur. Beden savaşa hazırlık, sağlıklı olmak vb. gibi çeşitli amaçlarla eğitilmektedir.

2. Beden aracılığıyla eğitim veya hareketler yoluyla eğitim: Bu görüş becerilerin kazanılması ve bedensel gelişimin sağlanması yolu ile gelişimin diğer boyutlarında istenilen davranış değişikliğinin sağlanması amacını taşımaktadır. Bu görüşe göre, beden eğitimi hareket etmeyi öğrenmek ve hareketler yoluyla öğrenmektir.

Beden eğitiminde Atatürk İlkeleri ve İnkılâpları, Anayasa, Milli Eğitim Temel Kanunu ve Türk Milli Eğitimi'nin temel amaçları doğrultusunda, öğrencilerin gelişim özellikleri de göz önünde tutularak, onların kişisel ve toplumsal yönden sağlıklı, mutlu iyi ahlaklı ve dengeli bir kişilik sahibi, yapıcı, yaratıcı ve üretken, milli kültür değerlerini ve demokratik hayatın temel ilkelerini benimsemiş fertler olarak yetiştirilmeleri genel amaçtır (Yavaş ve İlhan, 1997).

Ortaokul Beden Eğitimi ve Spor Dersi Öğretim Programının amacı ise öğrencilerin, yaşamları boyunca kullanacakları hareket becerileri, aktif ve sağlıklı yaşam becerileri, kavramları ve stratejileri ile birlikte öz yönetim becerileri, sosyal becerileri ve düşünme becerilerini de geliştirerek bir sonraki eğitim düzeyine hazırlanmalarıdır (MEB, 2013).

Beden Eğitimin İlk ve Ortaöğretim Okullarındaki Genel Amaçları(19.06.2013 tarih ve 56 sayılı BEDÖP).

1. Atatürk'ün ve düşünürlerin beden eğitimi ve spor konusunda söyledikleri sözleri açıklayabilme,
2. Bütün organ ve sistemlerinin seviyesine uygun olarak güçlendirme ve geliştirme,
3. Sinir, kas ve eklem koordinasyonunu sağlayabilme,
4. İyi duruş alışkanlığı edinebilme,
5. Beden eğitimi ve sporla ilgili temel bilgi, beceri, tavır ve alışkanlıklar edinebilme,
6. Ritim ve müzik eşliğinde hareketler yapabilme,
7. Halk oyunlarımızla ilgili bilgi ve beceriler edinebilme ve bunları uygulamaya istekli olabilme,
8. Milli bayramlar ve kurtuluş günlerinin anlamını ve önemini kavrama, törenlere katılmaya istekli olabilme,
9. Beden eğitimi ve sporun sağlığa yararlarını kavrayarak serbest zamanlarını spor faaliyetleri ile değerlendirmeye istekli olabilme,
10. Temel sağlık kuralları ve ilk yardım ile ilgili bilgi, beceri, tavır ve alışkanlıklar edinebilme,
11. Tabiatı sevme, temiz hava ve güneşten faydalanabilme,
12. İşbirliği içinde çalışma ve birlikte davranma alışkanlığı edinebilme,
13. Görev ve sorumluluk alma, lidere uyma ve liderlik yapabilme,
14. Kendine güven duyma, yerinde ve çabuk karar verebilme,
15. Dostça oynama ve yarışma, kazanma takdir etme, kaybetmeyi kabullenme, hile ve haksızlığın karşısında olabilme,
16. Demokratik hayatın gerektirdiği tavır ve alışkanlıklar edinebilme,
17. Kamu kaynaklarını iyi kullanma ve koruyabilme,

2.1.2.2. Beden eğitiminin önemi

Beden eğitimi bireyi topluma hazırlar. Bireyin mevcut yapısını geliştirici ve eğitici rol oynamasının yanında fikir ve ruh eğitiminde önemli rolü vardır. Genç nesillerin yapıcı, yaratıcı ve üretici olmasında sosyal kaynaşma ve kültürel kalkınmaya büyük etkisi olmaktadır. Yetenek esaslarına göre fırsat eşitliği sağlar. Beden eğitimi bireyleri iyi ve nitelikli hale getirip onları gerekli bilgi ve yeteneklerle donatmakla kalmayıp sosyal çevrenin değişmesine hız kazandırır. Rekabet, mücadele, işbirliği ve uyum sağlar. Çocuk ve gençlerin her bakımdan gelişmesinde önemli rol oynamakta, büyüme çağındaki çocuklar için bedensel sağlık, fizyolojik gelişme, iyi bir kişiliğin oluşması ve ruh sağlığı bakımından yararlı ve gereklidir (Aracı, 1999).

Bucher ve Koenig (1983), Harmandar (2004) beden eğitiminin önemini şöyle açıklamaktadır: Genel eğitimin tamamlayıcısı ve ayrılmaz bir parçası olan beden eğitimi, organizmanın bütünlüğü ilkesine dayalı olarak çocukların bedensel gelişimi, hareket becerilerinin gelişimi, sinir kas koordinasyon gelişimi, kişisel ve sosyal uyum sağlaması (kişiliğin eğitimi) açısından son derece önemlidir. Başka bir çalışmada beden eğitiminin önemi şu şekilde açıklanmıştır: Vücut ve yapı fonksiyonunu geliştirmeyi, eklem ve kasların kontrolü ve dengeli bir biçimde gelişmesini sağlamayı, okul çağı sonrası iş ve sosyal faaliyetlerin süresi içinde harcanan fiziki gücü en ekonomik şekilde kullanmayı, dolayısıyla organların kontrolü, metotlu bir şekilde hareket etmesini öğreten bir faaliyet sistemidir (Haywood, 1989).

2.1.3. Öğretmen

Bir eğitim sisteminin en önemli öğelerinden biri 'Öğretmen'dir. Sistemi oluşturan bütün öğelerin, yetiştirilecek öğrencilerin daha yaratıcı ve verimli olması için niteliklerinin arttırılması gereklidir. Bu nedenle daha nitelikli öğretmene, daha çağdaş öğretim programlarına, daha uygun ortamlara, daha kaliteli yönetime ve daha istekli öğrencilere gereksinim vardır. Sistemin her bir parçası, süreci ve sonucu etkiler; birimin eksikliği verimi düşürür. Eğitim sisteminin iyileştirilmesine yönelik çalışmalar çok yönlü düşünülmelidir. Özellikle öğretmenin niteliğini artırmaya yönelik çalışmalarda öğretmenin bu konuya inanması sağlanmalıdır (İlhan, 2004). Öğretmenler ve öğretmenlik mesleğindeki nitelik konusu sadece Türkiye'de değil dünyanın pek çok ülkesinde çok sık gündeme gelen bir konudur.

Eğitim alanında yapılan çalışmalara bakıldığında, öğretmenlerin öğrencilerin başarısında en önemli rolü oynadıkları açıkça görülmektedir ve öğretmenlerin de öğrencilerin öğrenmelerinde önemli bir role sahip olduklarına inandıklarında, öğrencilerin başarıları önemli oranda artış göstermektedir (Bandura, 1994; Tschannen – Moran, Woolfk Hoy, 1998). Güçlü (2002)'de öğretmenin kişisel özellikleri, öğrenme etkinliklerinin yöneticisi olarak yeterliliği, yeterlilik duygusu, öğrenme sürecini izleme ve ders vermedeki yeterliliği, özgeçmişi, öğrenci ve diğer bireylerle ilişkilerinin sınıftaki başarısını etkilediğini belirtmektedir. Sezgin (1984)'de bir ülkenin kalkınarak çağdaş medeniyetler seviyesine yükselmesinin eğitim sistemiyle yakından ilişkili olduğunu, uygulanan eğitim sisteminde eğitim ve öğretimin başarılı veya başarısız olması, öğretmenlerin yetiştirilmesi ve istihdamı ile çok yakından ilgili olduğunu belirtmektedir. Öğretmen; devletin eğitim politikasını uygulamaya koyan, uygulama sonuçlarıyla politikaları etkileyen, uzmanlık çalışmaları ve araştırmalardan yararlanan, aynı zamanda bu çalışmalarla iç içe olup onlara katkı sağlayan önemli bir kişidir (Varış, 1973).

2.1.4. Beden eğitimi öğretmeni

Beden eğitimi öğretmeni çalıştığı eğitim kurumunda, öğrencilere beden eğitimi ile ilgili eğitim veren kişidir (UMBS, 2012).

Beden eğitimi öğretmenin başlıca görevleri şu şekildedir;

Beden eğitimi konusu ile ilgili hangi bilgi, beceri, tutum ve davranışların, hangi yaş düzeylerindeki öğrenci gruplarına, hangi yöntemlerle kazandırılacağı, MEB tarafından onaylanan öğretim programları ve ilgili mevzuatta belirtilmiştir. Beden eğitimi öğretmeni, bu program çerçevesinde (UMBS, 2012);

- Eğitim vereceği grubun düzeyine uygun bir çalışma planı hazırlar,
- Kendisine ayrılan ders saatlerinde bu planı uygulayarak öğrencilere alanı ile ilgili bilgi ve beceri kazandırır,
- Öğrencilerin başarılarını değerlendirir, başarı düzeylerini artırıcı önlemler alır,
- Eğitici kol çalışmalarında görev alarak öğrencilerin yeteneklerini geliştirici etkinlikler düzenler,
- Öğrencilerin gelişimlerini izler, sorunlarının çözümüne yardımcı olur,
- Alanı ile ilgili gelişmeleri izler, bunların öğretim programlarına yansıtılması için ilgililere önerilerde bulunur,

- Nöbetçi olduğu günlerde, okulun düzen ve disiplinini sağlamak üzere görev yapar,
- Sınıf öğretmeni olarak, öğrencilerin alan ve ders seçmelerine yardımcı olur, yönetimle ilişkilerini sağlamaya çalışır.

Beden eğitimi öğretmeninin hem alanı hem de öğretmenlik mesleği ile ilgili niteliklere sahip olması gerekir. Beden eğitimi öğretmeni olmak isteyenlerin (UMBS, 2012);

- Spor yeteneği olan,
- Göz-el ve ayaklarını eşgüdümle kullanabilen,
- Bedence sağlam ve güçlü,
- Spora karşı ilgili ve bu alanda başarılı,
- Düşüncelerini başkalarına açık bir biçimde aktarabilen,
- İyi bir öğrenme ortamı sağlayabilen,
- Dikkatli, işine özen gösteren,
- Mesleğinin sorunları ile ilgilenen ve çözüm yolları bulmaya çalışan,
- İnsanlarla iyi iletişim kurabilen, sevecen, hoşgörülü, sabırlı,
- Öğrencilerin duygu ve düşüncelerini anlayabilen,
- Kendini geliştirmeye istekli, coşkulu, yaratıcı kimseler olmaları gerekir.

Beden eğitimi öğretmeni, genellikle spor salonunda, okulun bahçesinde ve bazen sınıfta görev yapar; görevini genellikle ayakta atlama, sıçrama, koşma, tırmanma gibi hareketler yaparak yürütür. Çalışma ortamı, mevsime göre açık veya kapalı yerlerde, oldukça gürültülüdür (UMBS, 2012).

Beden eğitimi öğretmeni olabilmek için bazı koşullar vardır. Bu koşullar şu şekilde sıralanmıştır (UMBS, 2012).

- Lise veya dengi okul mezunu olmaları,
- Yükseköğretime Geçiş Sınavında (YGS) herhangi bir puan türünden barajı aşarak başarılı olduktan sonra, ilgili üniversitece yapılacak olan özel yetenek sınavına girmeleri ve başarılı olmaları gerekmektedir.

Mesleğin eğitim süresi 4 yıldır. Meslek eğitimi, hem kuramsal hem de uygulamalı olarak yapılır. Eğitimini başarı ile tamamlayanlara alanı belirten lisans diploması ve "Beden Eğitimi Öğretmeni" unvanı verilir (TTKK, 2006).

Beden eğitimi öğretmenleri Milli Eğitim Bakanlığına bağlı ilköğretim okulları, ortaokullar, genel liseler, Anadolu liseleri, mesleki ve teknik liseler, fen liseleri, spor meslek lisesi ve üniversitelerde beden eğitimi öğretmeni olarak çalışabilirler. Beden Eğitimi dersi dışında, spor faaliyetleri ve milli oyunlar, spor ilkyardımı, halk oyunları, spor yönetimi ve organizasyon, spor psikolojisi gibi derslere girerler. MEB yapılan müfettişlik sınavını kazanırlarsa müfettişlik yapabilirler. Beden eğitimi öğretmenleri, çeşitli spor merkezlerinde, aerobik salonlarında, fazla kilolardan kurtulmak için zayıflama egzersizlerinin yapıldığı yerlerde vb. çalışabilirler (UMBS, 2012).

2.1.5. Sınıf öğretmeni

Çalıştığı eğitim kurumunda, öğrencilere, okuma-yazma, temel vatandaşlık, matematik, sosyal bilimler, doğa bilimleri, sanat, spor gibi konularda eğitim veren kişidir (www.iskur.gov.tr).

Sınıf öğretmeninin öğrencilere hangi bilgi, beceri, tutum ve davranışları, hangi yöntemlerle kazandıracağı, MEB tarafından onaylanan öğretim programları ve ilgili mevzuatta belirtilmiştir. Sınıf öğretmeni, bu program çerçevesinde, eğitim vereceği sınıfın düzeyine uygun yıllık, aylık, haftalık ve günlük çalışma planı hazırlar. Kendisine ayrılan ders saatlerinde bu planı uygulayarak öğrencilere temel vatandaşlık davranışları kazandırır. Öğrencilerin başarılarını değerlendirir, başarıyı artırıcı önlemler alır, öğrencilerin gelişimlerini izler, sorunlarının çözümüne yardımcı olur, eğitim ile ilgili sorunları gelişmeleri izler, bunların öğretim programlarına yansıtılması için ilgililere önerilerde bulunur. Nöbetçi olduğu günlerde, okulun düzen ve disiplinini sağlamak üzere görev yapar, öğrenci velileri ile yakın ilişki kurarak, işbirliği ile eğitimi yürütür (UMBS, 2012).

Öğretmenlerin yıllık müfredat eğitim programları, okullarda kullandıkları materyalleri, günlük çalışma planları, not defterleri, yoklama defterleri, ders kitapları, ders araç ve gereçleri olarak sıralayabiliriz (UMBS, 2012).

Sınıf öğretmeninin hem alanı ile hem de öğretmenlik mesleği ile ilgili niteliklere sahip olması gerekir. Sınıf öğretmeni olmak isteyenlerin sözel ve sayısal düşünme yeteneği gelişmiş, düşüncelerini başkalarına açık bir biçimde aktarabilen, iyi bir öğrenme ortamı sağlayabilen, dikkatli, işine özen gösteren, mesleğinin sorunları ile ilgilenen ve çözüm yolları bulmaya çalışan, insanlarla iyi iletişim kurabilen, sevecen, hoşgörülü, sabırlı, öğrencilerin duygu ve düşüncelerini anlayabilen, kendini geliştirmeye istekli, coşkulu, yaratıcı kimseler olmaları gerekir (UMBS, 2012).

Mesleğin eğitimine girebilmek için lise veya dengi okul mezunu olmak, YGS ve LYS "Sınıf Öğretmenliği" lisans programı için yeterli Türkçe Matematik 2 puan almak, ÖSYM Tercih Bildirim Formunda (TBF) "Sınıf Öğretmenliği" lisans programı ile ilgili en az bir yükseköğretim programını tercih etmek gerekmektedir (UMBS, 2012).

Mesleğin eğitim süresi 4 yıldır. 4. sınıfta (7. yarıyılda) 1 ay süreyle ilköğretim okullarında alan uygulaması ve staj yapılır. 8. Yarıyılda ise "Uygulama Semineri" vardır (www.iskur.gov.tr).

Meslek eğitimini tamamlayanlara alanı belirten "Lisans Diploması" ve "Sınıf Öğretmeni" unvanı verilir. Meslek eğitimini tamamlayan kişiler Milli Eğitim Bakanlığınca, ilköğretim okulları, yatılı ilköğretim bölge okullarına, sınıf öğretmeni olarak atanırlar. Öğretmenlik şu anda ülkemizde istihdamı en kolay meslek olarak nitelendirilmektedir. Sınıf öğretmenleri Milli Eğitim Bakanlığı'na bağlı özel eğitim öğretim kurumlarında da isterlerse çalışabilirler (UMBS, 2012).

4+4+4 yeni eğitim sisteminin uygulanmaya başlaması ile birlikte, ilkokulların 4 yıla indirilmesi çok sayıda sınıf öğretmeninin norm kadro fazlası durumuna ve çok sayıda branş öğretmeni açığının oluşmasına neden olmuştur. MEB, bünyesinde oluşan bu durumu pratik bir işlemle mezuniyetlerinde yan alanı olan sınıf öğretmenlerini branş öğretmenliğine geçirerek çözümleme yoluna gitmiştir. MEB bu işlemleri 2012 Alan Değişikliği Kılavuzu'na göre yapmıştır. 21-26 Eylül 2012 tarihlerinde alan değiştirmek isteyen sınıf öğretmenlerinin başvuruları kabul edilmiştir, 27 Eylül 2012 tarihinde de başvuru sonuçları açıklanmıştır. Akabinde 28 Eylül 2012 tarihinden itibaren de branşa geçen sınıf öğretmenlerinin atamaları gerçekleştirmiştir. Başvuru şartlarını taşıyan 42 bin sınıf öğretmeni alan değiştirmiştir. 4270 kişi Beden Eğitimi, 3400 kişi Fen ve Teknoloji, 1400 kişi Görsel Sanatlar, 3200 kişi İngilizce, 1000 kişi Matematik, 3330 kişi Müzik, 3500 kişi Okul Öncesi, 5120 kişi Rehberlik, 580 kişi Tarih,

1460 kişi Türk Dili ve Edebiyatı, 4037 Türkçe, 2728 kişi Sosyal Bilgiler, 2941 kişi Teknoloji ve Tasarım ve 760 kişi Zihin Engelliler Sınıf Öğretmenliği alanına geçiş yapmıştır (http://www.memurhaber.com/sinif-ogretmeni-alan-degisikligi-iptal-h20482.html).

2.1.6. Tutum

Tutum bireyin, belli durumlar sırasında, davranış şeklini önceden seçtiği zihinsel durumdur (Gagne,1985). Şimşek (2000) ise tutumu şu şekilde açıklar: Belli koşullar altında özel tercih ve kararları seçme eğilimidir. Diğer bir tanımda ise tutum, bir bireye atfedilen ve onun bir psikolojik obje ile ilgili düşünce, duygu ve davranışlarını düzenli bir biçimde oluşturan bir eğilimdir (Smith, 1968). Tutum bireyin bütün nesnelere karşı göstereceği tepkiler ve durumlar üzerinde yönlendirici veya etkin güç oluşturan, yaşantılar yoluyla edinilen, zihinsel ve sinirsel bir davranışta bulunmaya hazır olma halidir (İnceoğlu, 2010).

Kağıtçıbaşı (1999) ise tutumu şöyle açıklar: bireylerin davranışlarının incelenmesinde davranışın belirleyicilerinden birisi olarak tutumlar araştırmaya ve incelenmeye değer görülmektedir. Tutumlar hem sosyal algımızı hem de davranışlarımızı etkilemektedir. Tutum, bir bireye atfedilen ve onun bir psikolojik obje ile ilgili düşünce, duygu ve davranışlarını düzenli biçimde oluşturan bir eğilimdir.

Tezbaşaran (1997) 'nin tutum tarifi ise şu şekildedir: Tutumlar görüşlerden, değerlerden ve inançlardan farklıdır. Tutumlarla görüşler birbirine benzemekle birlikte görüşler, genellenebilirlik derecesi ve ölçme tekniği bakımından tutumlardan farklıdır. Görüşler, belirli oluşumlara veya durumlara gösterilen kişisel tepkilerdir. Tutumlar ise daha geniş çapta olaylar grubuna veya insan topluluklarına karşı bireyin tepkilerindeki etkileri bakımından daha geneldir. İnsanlar görüşlerinin farkındadır, ama tutumlarının tam olarak farkında olmayabilirler.

Tutumlar değerlerden de farklıdır. Değer daha geniş ve daha kapsamlı bir kavramdır. Değerler doğruluğu, arzulanırlılığı ya da ahlaki bir boyutu çağrıştırmaktadır. Değerler, karşıt davranış durumlarının kişisel ya da toplumsal olarak tercih edilip edilmediği hakkındaki inançları temsil etmektedir (Robbins, 1994).

Tutum tanımları ve karşılaştırmalar doğrultusunda tutumların şu özellikleri taşıdığı vurgulanmaktadır: (a) Tutum psikolojik bir objeye ilişkindir. (b) Tutumlar tepki vermeye hazır olmayı içermektedir. (c) Tutumlar güdüleme gücüne sahiptir. (d) Tutumlar durağan olabilir. (e)

Tutumlar değerlendirme içermektedir. (f) Tutumlar doğrudan gözlenebilen bir özellik değil, bireyin gözlenebilen davranışlarından çıkarsama yapılarak ve o bireye atfedilen bir eğilimdir (Kağıtçıbaşı, 1999; Sakallı, 2001).

Tutumlar insan davranışlarını anlamada önemli bir kavram olarak karşımıza çıkarlar. Tutumu tanımlamak için literatürde farklı tanımların yapıldığı görülmektedir. Tavşancıl (2002)'a göre tutum, yaşantı ve deneyimler sonucu oluşan, ilgili olduğu bütün nesne ve durumlara karşı bireyin davranışları üzerinde yönlendirici ya da dinamik bir etkileme gücü olan duygusal ve zihinsel hazırlık durumudur. Demirel (2003)'e göre tutum, bireyi belli insanlar, nesneler ve durumlar karşısında belli davranışlar göstermeye iten öğrenilmiş eğilimdir.

Tutum ile davranış ilişkisini etkileyen faktörler şunlardır:
Zaman faktörü: Tutum ile davranışı ölçme arasında geçen zamanın uzun veya kısa oluşu.
Tutumun güç derecesi: Tutumu meydana getiren bilişsel, duyuşsal ve davranışsal bileşenlerin toplamının gücü.
Tutumun ulaşılabilirliği: Tutuma ilişkin bir bilginin zihne gelme çabukluğu. Farkındalık: Kişinin kendi tutumunun ve davranışlarının ne ölçüde farkında olduğu (Kağıtçıbaşı, 1999).

Genel olarak bakıldığında tutumlar bireyin duygu, düşünce ve davranışlarını etkilemektedir. Buna göre, hangi branş olursa olsun, öğretmenlerin mesleklerine karşı olan tutumları öğretmenlik mesleğini daha çok sevmelerinde, meslekte daha başarılı olmalarında ve mesleğin gereklerini yerine getirmede büyük önem taşımaktadır (Durmuşoğlu, Yanık ve Akkoyunlu, 2009). Çünkü bir mesleğe yönelik tutum ve algılar, mesleki yeterlilik algılarını ve meslekteki başarıları etkilemektedir (Terzi ve Tezci, 2007). Eren (2000)'e göre ise tutum inançlar, bireylerin kendi dünyalarının bir yönü ile ilgili algılarının ve tanımlarının meydana getirdiği sürekli duygular ağıdır. İnançlar çoğu durumda, bireysel ilkelerin kaynağı halindedir. Kişi bilgi, kanaat ve inançlarını açığa vurmak istediği zaman bunu davranış ve tutumlarıyla belli eder.

Tutumlar, insan davranışlarının en önemli tayin edicilerinden biridir. Bireylerin tutumları, sevgileri, nefretleri ve davranışlarını önemli ölçüde etkiler (Morgan 1991). Tutum, bilişsel, duyuşsal ve davranışsal boyutlarıyla birey davranışlarının önemli ve kritik bir yordayıcısı olarak görülen psikolojik bir yapıdır (Anderson, 1988).

Levin, Naama ve Zippora (1991), yaptıkları çalışmada tutum puanlarının akademik başarıyı anlamlı bir şekilde yordadığını ve tutumların erkeklerin akademik başarısını açıklamada kızlara göre daha fazla rol oynadığını belirtmişlerdir.

Karşılaşılan bir durumu sevmek ya da sevmemek, onaylamak ya da onaylamamak bireyin takındığı tutumu göstermeye yardım eder. Ancak tutumu tam olarak anlatmakta eksik kalır. Oysa bir durumu kabul ya da reddetmek, bir duruma eğilim göstermek ya da göstermemek, bir durumdan yana olmak ya da kaçmak deyimleri bireyin tutumunu daha derinliğine anlatmaktadır. Tutumun kökeni, bireyin duruma karşı beslediği tavrıdır. Bireyin tavrı, durumun bireyce kabul ya da reddedilmesine etkide bulunmaktadır (Bilgin, 1996).

Freedman, Sears ve Carlsmith (1993) tutumu, "bilişsel ve duygusal ögeleri bulunan ve davranışsal bir eğilim içeren oldukça kalıcı bir sistemdir'' şeklinde tanımlamışlardır. Baysal (1981) ise tutumu, ön eğilimlerin daha kalıcı ve sürekli bir örgütlenmesi şeklinde niteleyerek, gelip geçici eğilimleri tutum kavramı çerçevesinde ele almanın pek tutarlı bir davranış olmayacağını belirtmiştir. Tutum, bir psikolojik objeye ilişkin olumlu veya olumsuz duyguların derecesidir (Thurstone, 1946).

Bir tutumun meydana getirdiği sadece bir davranış eğilimi ya da bir duygu değil, düşünce, duygu ve davranış eğilimi bütünleşmesidir. Genelde bu bileşenler birbirinden bağımsız olmayıp, karşılıklı olarak birbirini etkiler ve çoğunlukla da aralarında bir tutarlılık bulunur (Hotaman, 1995).

Tutum bir objeye karşı beslenilen duygu, düşünce ve eğilimlerden oluşmaktadır. Bu nedenle tutumun bilişsel, duyuşsal ve davranışsal olmak üzere üç bileşenden oluştuğunu söyleyebiliriz. Bir tutumun bilişsel bileşenini bireyin tutum konusu hakkındaki düşünce ve inançları oluşturur. Duyuşsal bileşen, bireyin tutum konusunu sevmesi veya sevmemesidir. Eylemsel bileşen ise bireyin tutum konusuna ilişkin davranışlarıdır (Turgut, 1977). Tutumlar, aralarında genellikle iç tutarlılık olduğu varsayılan, zihinsel/bilişsel, duygusal ve davranışsal öğelere sahiptir. Tutum öğeleri arasında tutarlılık olduğu varsayımına göre, bireyin bir konu hakkında bildikleri (zihinsel/bilişsel öğe), ona olumlu bakmasını gerektiriyorsa (duygusal öğe), birey o nesneye karşı olumludur. Benzer şekilde bireyin bir konu hakkındaki olumsuz bakışı, bireyi o nesneye karşı olumsuz olarak yönlendirir. Birey bu durumu sözleri ya da davranışları ile ortaya koyar (Çıttır, 2003).

Tutumlar diğer tutumlarla ilişkileri bakımından da farklılık gösterirler. Bazı tutumlar değerleriyle sıkı sıkıya bağlı oldukları halde bazıları diğerlerinden kopuk, adeta tek başlarına bulunabilirler. Dindar olan bir insanın, eğitimle ilgili, sosyal yaşamla ilgili genel tercihleri dini ağırlıklı olabileceği gibi, bu insanın din işlerini diğer işlerinden ayırarak, dini ağırlıklı tercihlerden kaçınması da söz konusu olabilir. Bazı kimselerde, bir tutumun merkezleşmesi çok belirgin bir hal alabilir ve o kimsenin pek çok diğer tutumunu etkisi altına alarak genel hayat görüşüne ve birçok davranışına yön verebilir. Böyle bir tutum, artık tutum olmaktan öte ideolojiye dönüşmüştür (Hotaman, 1995).

2.2. Literatür Taraması

2.2.1. Yurt içinde yapılan bazı araştırmalar

Çelenk (1988)'in yaptığı araştırmada öğretmen adaylarının öğretmenlik mesleğine yönelik tutumlarını incelemiş ve farklı okullarda öğrenim gören öğretmen adaylarının öğretmenliğin toplumdaki saygınlığı konusunda olumlu tutuma sahip olduklarını, mesleği kendileri açısından yorumlayan maddelerde ise tutum puanlarının daha düşük olduğunu tespit etmiştir. Araştırma sonucunda öğretmen adaylarının çaresiz kalmadıkça mesleğe yönelmedikleri ve bayan öğretmen adaylarının daha olumlu tutumlara sahip olduğu görülmüştür. Aşkar ve Erden'in (1987) yaptıkları araştırmada da bayan öğretmen adaylarının öğretmenlik mesleğine yönelik tutumlarının erkeklerden anlamlı derecede olumlu olduğu belirtilirken, Şahin (1992)'in yaptığı araştırmada, öğrencilerin genel olarak öğretmenlik mesleğine yönelik olumlu tutum sergilemelerine rağmen cinsiyetin ve ailenin gelir düzeyinin tutumlar üzerinde etkisinin olmadığı saptanmıştır.

Saracaloğlu (1993)'nun; Fen ve Edebiyat Fakülteleri öğrencilerinin öğretmenlik mesleğine yönelik tutumları ile ilgili araştırmasında mezun olunan lise türüne göre tutumlarda anlamlı bir farklılık olmadığı fakat cinsiyet ve ailede öğretmen bulunup bulunmama değişkenlerinde anlamlı bir farklılık olduğu saptanmıştır. Araştırma sonucunda kızların erkeklere göre ve ailesinde öğretmen bulunan öğrencilerin öğretmen bulunmayanlara göre tutumlarının daha olumlu olduğu belirtilmiştir.

Gürkan (1993)'nın, ilkokul öğretmenlerinin öğretmenlik tutumları ile benlik kavramları arasındaki ilişkiyi incelediği araştırmasında, öğretmenlik tutum puanları ile bireyin çevresi ile ilişkileri ve başkalarının gözüyle kendisini nasıl gördüğünü belirleyen özelliği arasında aynı yönde düşük ve anlamlı bir ilişki, bireyin kuvvetli ya da zayıf bir ben duygusuna sahip olma özelliği ve çevresine karşı güven duyma özelliği arasında ters yönde düşük ve anlamlı bir ilişki bulunmuştur. Öğretmenlik tutum puanları ile bireyin saldırgan ya da uyumlu kişilik özelliği, kendi benliğindeki id ve süper ego çatışması özelliği ve sosyal güç özellikleri arasında ise anlamlı bir ilişki bulunamamıştır.

Erden (1995)'in öğretmenlik meslek bilgisi derslerine öğretmen adaylarının gereken önemi vermediğini belirttiği çalışmasında, öğretmen olmaya istekli öğrencilerin tutum puanları ortalamalarının istekli olmayan öğrencilerden anlamlı derecede yüksek olduğunu saptamış ve mesleğine yönelik olumlu tutum geliştirmeyen bir öğretmenden istenilen verimi elde etmenin çok güç olduğunu vurgulamıştır.

Bilgin (1996)' nin " Okul Öncesi Eğitim Kurumlarında Çalışan Öğretmenlerin Öğretmenlik Tutumlarının İncelenmesi" ne yönelik yaptığı araştırmada öğretmenlerin sahip oldukları çocuk sayısı ve demokratik tutumları arasında ters orantı olduğu çocuk sayısı arttıkça demokratik tutumlarının da azaldığı görülmüştür. Aynı araştırmada mesleklerinde belli bir tecrübe bilincine ulaşmış, 26–30 yas arası öğretmenlerin bu meslek için en ideal dönemde olduğu sonucuna ulaşılmıştır. Ayrıca öğretmenlerin; demokratik tutum ve boş vermiş tutum boyutları içerisinde, mezun oldukları kuruma göre manidar bir fark göstermemelerine karşın, kız meslek lisesi mezunu öğretmenlerin, diğer kurumlardan mezun olan öğretmenlere nazaran yüksek otokratik tutum sergilemelerinde, meslek hayatına erken yaşlarda başlamalarının ve diğer kurumlardaki kadar nitelikli bir eğitim sürecinden geçmemelerinin etkisi olabileceği ifade edilmiştir.

Sürücü (1997) tarafından yapılan öğretmenlik formasyonu alan öğrencilerin öğretmenlik mesleğine yönelik tutumlarını inceleyen araştırmada öğrenciler cinsiyet, öğrenim durumu, iş durumu ve öğretmenlik yapacağı öğretim kademesi değişkenleri açısından incelenmiş, cinsiyet ve öğrenim durumunun adayların tutumları üzerinde etkili olmadığı, fakat ilköğretim kademesinde görev alacak olan adayların diğerlerine oranla daha olumlu tutuma sahip oldukları sonucu elde edilmiştir.

Öğretmenlik sertifikası programındaki öğretim uygulamalarının öğretmen adaylarının öğretmenlik mesleğine yönelik tutumlarına etkisini inceleyen araştırmasında Şenel (1999), adayların öğretmenlik mesleğine yönelik tutumlarında herhangi bir farklılık olmadığı sonucuna ulaşmıştır.

Üstün, Erkan ve Akman (2004), Okul Öncesi Öğretmenliği Bölümünde okuyan öğrencilerle tutum üzerine yaptıkları araştırmada örneklemdeki adayların mesleğe yönelik tutumlarının olumlu olduğu fakat kız öğrencilerin erkek öğrencilere göre daha olumlu görüş bildirdikleri belirtilmiştir.

Orta öğretim kurumlarında görev yapan öğretmenlerin öğretmenlik tutumlarını inceleyen Karahan (2005)'ın araştırmasında öğretmenlerin olumlu tutuma sahip oldukları, medeni duruma ve aylık gelir düzeyine göre anlamlı farklılaşmalar olduğu ve öğretmenlik tutumları ile İstanbul'da yasama süreleri arasında ilişki olduğu tespit edilmiştir. Aynı araştırmada cinsiyete, yaşa, görev yaptıkları okul türüne, branşlarına, sınıf mevcuduna, mesleki deneyime, mezun oldukları eğitim kurumuna, mesleği isteyerek seçip seçmemeye, görev yapılan kurumda çalımsa süresine, çocuk sayılarına, doğdukları yere göre ise anlamlı farklılıklar saptanmamıştır.

Kaya ve Büyükkasap (2005)'ın Fizik Öğretmenliği bölümündeki öğrencilerle yaptıkları çalışmada da benzer biçimde öğrencilerin öğretmenlik mesleğine karşı olumlu tutum içerisinde oldukları belirlenmiştir. Aynı araştırmada kız ve erkek öğrenciler arasında kız öğrenciler lehine anlamlı farklar bulunmuş ve kız öğrencilerin erkeklere göre daha olumlu tutum içersinde oldukları saptanmıştır.

Akpınar, Yıldız ve Ergin (2006) de Fen Bilgisi öğretmen adayları ile ilgili yaptıkları araştırmada öğretmenlik mesleğine yönelik tutumların genel olarak olumlu olduğu sonucuna ulaşmışlardır. Aynı araştırmada kız öğrencilerin erkek öğrencilere göre ve ailesinde öğretmen olan adayların, olmayanlara göre daha olumlu tutum puanına sahip oldukları bulunmuştur. Ayrıca öğretmenlik mesleğini 1-3. sırada tercih eden öğrencilerin, 7-10 ile 11 ve üstü sırada tercih edenlerden daha olumlu görüş bildirdikleri belirtilmiştir.

Tekerci (2008)'nin "Farklı okul öncesi eğitim kurumlarında çalışan öğretmenlerin mesleki doyumlarının ve tutumlarının incelenmesi" adlı çalışmasında ilköğretime bağlı anasınıfında, bağımsız anaokulunda ve özel anaokulunda çalışan 300 okul öncesi öğretmeninden toplanan verilerin analizinde özel anaokulunda çalışan öğretmenler ile 1–10 yıl arası mesleki kıdeme sahip öğretmenlerin de demokratik tutum puanlarının yüksek olduğu ortaya çıkmıştır. Aynı zamanda araştırmaya katılan öğretmenlerin çoğunluğunun demokratik öğretmen tutumuna sahip olduğu ve öğretmenlerin mesleki doyum puanları arttıkça demokratik tutum puanlarının da olumlu yönde arttığı saptanmıştır.

Tanrıverdi (2008)'nin okul öncesi öğretmenlerinin mesleki tutumlarıyla 2006 yılı Okul Öncesi Eğitim Programı'ndaki amaç ve kazanımlara ulaşması arasındaki ilişkiyi incelediği çalışmasında anasınıfı öğretmenlerinin mesleğe yönelik nötr tutuma sahip oldukları sonucuna ulaşılmıştır. Yaş, hizmet içi eğitim faktörünün, öğretmen tutumunu etkilemediği, mezun olunan kurum ve kıdem faktörünün ise mesleki tutumunun üzerinde önemli bir etkisi olduğu bulunmuş ayrıca okul öncesi eğitim programının yeterliliğini algılama düzeyinin öğretmenlerin tutumlarında farklılaşmaya yol açan önemli bir faktör olduğu sonucuna ulaşılmıştır.

Akbaş (2008)'ın "Endüstri Meslek Liselerinde Görev Yapan Öğretmenlerin Evlilik Uyumları ile Öğretmenlik Tutumları Arasındaki İlişki" adlı çalışmasında öğretmenlik tutumu ile cinsiyet ve evlilik süresi değişkeni arasında anlamlı bir farklılaşma bulunurken yaş, eğitim durumu, mesleki kıdem, branş, alan, gelir düzeyi, evlenme biçimi, çocuk sayısı, eşin çalışma durumu değişkenleri arasında anlamlı bir farklılaşma bulunmamıştır. Cinsiyet değişkeniyle ilgili anlamlı farklılığın erkek öğretmenler lehine olduğu saptanmıştır.

Açışlı ve Kolomuç (2012)'un yaptıkları çalışmada sınıf öğretmeni adaylarının, öğretmenlik mesleğine yönelik tutumlarını; cinsiyet, sınıf düzeyi ve mezun olunan lise türü değişkenlerine göre incelemişlerdir. Araştırma; 2011–2012 eğitim-öğretim yılı güz yarıyılında Artvin Çoruh Üniversitesi Eğitim Fakültesi Sınıf Öğretmenliği Anabilim Dalı'nda öğrenim gören 192 üniversite öğrencisi ile yürütülmüştür. Araştırmada veri toplama aracı olarak Üstüner (2006) tarafından geliştirilen 34 maddelik Öğretmenlik Mesleğine Yönelik Tutum Ölçeği kullanılmıştır. Araştırmada, betimsel tarama modeli kullanılmış ve öğretmen adaylarının tutum ölçeğine verdikleri cevaplardan elde edilen veriler SPSS programı yardımıyla analiz edilmiştir. Araştırma sonucunda öğretmen adaylarının öğretmenlik mesleğine yönelik tutumlarının cinsiyete, sınıf düzeyine ve mezun olunan lise türü değişkenlerine göre farklılıklar tespit edilmemiştir.

Semerci ve Semerci (2004)'nin yapmış oldukları çalışmada üniversitelerde beden eğitimi ve spor bölümünde öğrenim gören öğretmen adaylarının öğretmenlik mesleğine ilişkin tutumlarını survey yöntemine göre incelemişlerdir. Araştırmanın sonucunda örnekleme giren öğrencilerin cinsiyete ve üniversitelere göre öğretmenlik mesleğine karşı tutumlarında anlamlı bir farklılık bulunmamıştır. Genel olarak öğrencilerin mesleğe karşı tutumları olumlu olarak belirlenmiştir.

Güllü ve Güçlü (2009)'nün yapmış oldukları araştırmada ortaöğretim öğrencilerinin beden eğitimi dersine yönelik tutumlarını tespit etmek için geçerli ve güvenilir yeni bir tutum ölçeği geliştirmeyi amaçlamışlardır. Beden Eğitimi Dersi Tutum Ölçeği, 600 öğrenciye uygulanarak geliştirilmiştir. Bu sonuçlar ortaöğretim öğrencileri için hazırlanmış beden eğitimi dersi tutum ölçeğinin geçerliği ve güvenirliği sağlamış olduğunu göstermektedir.

Özer ve ark. (2013)'nın yapmış oldukları çalışmada branş değişikliği ile yan alanlarına geçen sınıf öğretmenlerinin yeni geçtikleri branş ile ilgili, görüş ve önerilerinin belirlenmesini amaçlanmışlardır. Bu amaçla çalışma Hatay ilindeki farklı eğitim-öğretim kurumlarında branş değişikliği ile yan alanlarına geçen 95 öğretmen ile gerçekleştirilmiştir. Çalışmada öğretmenlerin bir kısmının yeni branşlarında kendilerini yeterli görmelerine rağmen önemli bir kısmı eski branşlarında (sınıf öğretmenliğinde) kendilerini daha yeterli hissettiklerini belirtmişlerdir. Ayrıca öğretmenler sınıf öğretmeni olarak birçok derse girmektense branş öğretmeni olarak tek bir alana yoğunlaşmanın branş değişikliğinin en önemli yararı olduğunu ifade etmişlerdir. Branş değişikliğinin olumsuz yanları ise; öğrencilerin ilgisizliği, sorumluluğun artması, ücretin azalması, hazırlık yapmanın zorluğu ve sürekli farklı sınıflara girmek gibi konular gösterilmektedir.

2.2.2. Yurt dışında yapılan bazı araştırmalar

Smith (1973), İngiltere'deki Garnett Üniversitesi'ndeki öğrencilerin öğretmenliğe ili şkin tutumlarını incelediği çalışmasında öğrencilerin öğretmenliğe ilişkin tutumlarının cinsiyet değişkeni açısından istatistiksel anlamda farklılaşmadığını fakat kız öğrencilerin tutum puanlarının erkek öğrencilere göre daha yüksek olduğunu belirlemiştir.

Bauch (1982) ile Ramsey ve Ransley'in (1986) çalışmalarında öğretmenlerin tutumlarının öğretme davranışlarıyla ve öğrencilerin başarılarıyla ilişkili olduğu tespit edilmiştir (Akt: Marchant, 1992).

Öğretmen adaylarının öğretmenlik mesleğine yönelik görüşlerinin incelendiği araştırmalardan Bontempo ve Digman (1985), Batı Virginia üniversitesinde okuyan öğretmen adaylarının öğretmenlik mesleğine ilişkin görüşlerinde en çok "önemli bir meslek" ve "yapmaya değer bir iş" (% 83,2) seçeneklerini tercih ettiklerini belirlemişlerdir. Brown (1992), Jamaika ve Doğu Karayip eyaletlerindeki stajyer öğretmenlerin meslek seçimini etkileyen faktörleri incelediği çalışmasında adayların ilk sırada "çocuklara yardım etmeyi sevme" (Jamaika %30,5, Doğu Karayip %40), ikinci sırada da "topluma katkı" için bu mesleği yaptıklarını belirtmişlerdir. Su (1997) tarafından California'daki eğitim okulunda yapılan bir çalışmada yerli ve azınlık öğrencilerinin öğretmenlik mesleğinden gurur duydukları (%68 yerli,%73 azınlık) sonucuna ulaşmıştır.

Kyriacou, Hultgren ve Stephens (1999), Stavanger'deki ve York'taki öğretmen adaylarından bu mesleği seçmelerinde etkili olan kararları önem derecesine göre sıralamalarını istemiş, her iki grupta da en çok "öğretme işinden zevk alma" (Stavanger %84,5, York %87,5), "çocuklarla çalışmayı sevme" (Stavanger %56,3, York %87,1) seçeneklerinin işaretlendiğini belirlemiştir.

III. BÖLÜM

3. Yöntem

Bu bölümde; araştırma modeli, evren ve örneklem, veri toplama aracı, veri toplama süreci ve verilerin çözümlenmesi üzerinde durulmuştur.

3.1. Araştırmanın Modeli

Yapılan bu araştırma nicel bir araştırmadır. Aynı zamanda mevcut durumu sorgulayan betimsel bir modeldedir. Bu yöntem, özel bir konu veya bir durum üzerinde derinlemesine inceleme yapma ve yoğunlaşma imkânı vermektedir. Üstelik bu yöntemde, nitel ve nicel veri toplama teknikleri kullanılabilmektedir (Çepni, 2007).

3.2. Evren ve Örneklem

Bu araştırmanın evrenini 2013-2014 eğitim-öğretim yılında Kocaeli ili ortaokul ve lise okullarında görev yapmakta olan 228 Beden Eğitimi Öğretmeni, örneklemini ise 173 Beden Eğitimi Öğretmeni (136 BESYO mezunu, 37 sınıf öğretmenliğinden geçiş yapan beden eğitimi öğretmeni) oluşturmaktadır. 136 BESYO mezunu öğretmenin %29,4'ı kadın %70,6'sı erkektir, bu öğretmenlerin görev yaptıkları okulların %40,4'unde spor salonu varken %59,6'sında spor salonu yoktur. Öğretmenlerin kıdem yılı dağılımı şu şekildedir. 0-5 yıl 26 (%19,1), 6-10 yıl 57 (%41,9), 11-15 yıl 33 (%24,2) ve 16 - yukarısı 20 (%14,8) 37 sınıf öğretmenin ise %18,9'u kadın iken %81,1'i erkektir, görev yaptıkları okulların %48,6'sında spor salonu varken %51,4'unde spor salonu yoktur. Bu öğretmenlerin kıdem yılları şu şekildedir, 0-5 yıl 6 (%16,2), 6-10 yıl 4 (%10,8),11-16 yıl 12 (%32,4), 16 ve yukarısı ise 15 (%40,6) öğretmen vardır.

3.3. Veri Toplama Aracı

Bu araştırmada veri toplama aracı olarak Beden Eğitimi Öğretmenleri için Ünlü (2011) tarafından geliştirilen 'Beden Eğitimi Öğretmenliği Mesleği Tutum Ölçeği' kullanılmıştır. Ölçek 25 maddeden oluşmaktadır.

Araştırmaya katılan her bir katılımcı her bir maddeye beş kategoride tepkide bulunmaktadır. Yüksek tutum puanı beden eğitimi öğretmenliği mesleğine yönelik olumlu gösterecek şekilde puanlanmıştır. Bu sebepten dolayı "kesinlikle katılıyorum, katılıyorum, kısmen katılıyorum, katılmıyorum, kesinlikle katılmıyorum" şeklindeki tepkiler olumlu maddelerde (19, 24, 10, 17, 16, 7, 5, 25, 1, 23, 4, 21, 8 numaralı maddeler) 5-4-3-2-1 şeklinde puanlanırken, olumsuz maddelerde (14, 2, 12, 18, 6, 22, 11, 13, 3, 15 numaralı maddeler) 1-2-3-4-5 şeklinde puanlanmıştır. Böylece her bir veri toplama aracı madde tepki puanlarının toplamından oluşan toplam ölçek puanı elde edilmiştir. Bu durumda ölçekten alınacak en düşük puan 25, en yüksek puan 125'tir. Ölçekten alınan puanlara ilişkin değerlendirme yapabilmek amacıyla aralık katsayısı belirlenmiştir. Buna göre 23-41 puan aralığı "çok düşük tutum", 42-60 puan aralığı "düşük tutum", 61- 79 puan aralığı "orta düzeyde tutum", 80-98 puan aralığı "yüksek tutum" ve 99-125 puan aralığı "çok yüksek tutum" olarak hesaplanmıştır. Ölçek aynı zamanda ortalamalar üzerinden hesaplama yapmak için de elverişlidir. Ortalamalar üzerinden hesaplama yapmak için belirlenen aralık katsayısı ise 1-1.80 puan aralığı "çok düşük tutum", 1.81-2.60 puan aralığı "düşük tutum", 2.61- 3.40 puan aralığı "orta düzeyde tutum", 3.41-4.20 puan aralığı "yüksek tutum", 4.21-5.00 puan aralığı "çok yüksek tutum" olarak hesaplanmıştır. Ölçeğin Cronbach alfa değeri 0,88'dir (Ünlü, 2011).

3.4. Verilerin Toplanması

Araştırma ölçeği, verilerin toplanması amacı ile Kocaeli İl Milli Eğitim Müdürlüğünün 99332089/35503/1781870 sayı ve araştırma izni konulu yazısı ile ilgili okullarda 2013-2014 eğitim- öğretim yılı bahar döneminde uygulanmıştır. Ölçeklerin dağıtımı ve geri dönüşümü Gebze, Darıca, Çayırova, Dilovası, Körfez, Derince, İzmit, Kartepe ve Kandıra ilçelerinde ilçe milli eğitim müdürlükleri tarafından; Karamürsel, Gölcük ve Başiskele ilçelerinde ise araştırmacı tarafından sağlanmıştır.

3.5. Verilerin Çözümü

Araştırmada ölçek yoluyla toplanan verilerin analizi ve yorumu bilgisayar ortamında yapılmıştır. Öğretmenlerin beden eğitimi öğretmenliğine karşı tutumları aritmetik ortalamalar ($\bar{x}$) ve standart sapmalar (ss) kullanılarak betimlenmiştir. Elde edilen veriler üzerinde yapılacak olan istatistiksel analizlere karar vermek için Kolmogorov-smirnov ve Levene Testi yapılmıştır. Verilerin normal dağılım gösterdiğinde parametrik testlerden Bağımsız Gruplar Testi, verilerin normal dağılım göstermediğinde ise Kruskal Wallis ve Mann Whitney U testleri grupların karşılaştırılmasında kullanılmıştır. Anlamlılık düzeyi ($p<0.05$) olarak kabul edilmiştir.

IV. BÖLÜM

4.Bulgular ve Tartışma

Bu bölümde beden eğitimi öğretmenlerine uygulanan 'Beden Eğitimi Öğretmenliği Mesleği Tutum Ölçeği' kullanılarak elde edilen bulgular ve yorumlarına yer verilmiştir.

4.1. Birinci Alt Probleme Ait Bulgular ve Tartışma

BESYO mezunu beden eğitimi öğretmenlerinin cinsiyetleri, kıdem yılları, öğretmenlik yaptıkları okullarda spor salonu olup olmaması mesleğe yönelik tutumlarını etkilemekte midir? sorusu bu çalışmanın birinci alt problemini oluşturmaktadır. Bu alt probleme ait bulgular aşağıda verilmiştir:

BESYO mezunu beden eğitimi öğretmenlerinin öğretmenlik mesleğine karşı tutumlarının cinsiyete göre t testi karşılaştırması Tablo 4.1'de verilmiştir.

Tablo 4.1. BESYO mezunu beden eğitimi öğretmenlerinin öğretmenlik mesleğine karşı tutumlarının cinsiyete göre karşılaştırılması

Cinsiyet	N	$\bar{x}$	ss	T	P
Kadın	40	4.11	.281	-.111	.912
Erkek	96	4.12	.285		

Tablo 4.1'e göre BESYO mezunu öğretmenlerin öğretmenlik mesleğine karşı tutumlarında cinsiyetin önemini ölçmek için yapılan t-testi sonuçlarına göre gruplar arasında istatistiksel bir fark olmadığı anlaşılmaktadır (t:-,111; p>0.05). Kadın ve erkek öğretmenlerin mesleğe karşı tutumlarındaki benzerliğin, öğretmenlerin benzer şartlarda çalışıyor olmasından kaynaklandığı düşünülmektedir. Çapri ve Çelikkaleli (2008) öğretmenlerin mesleğe ilişkin tutumlarının cinsiyet değişkenine göre farklılaşmadığını belirtmektedir. Bu bulguda araştırma bulgularını destekler niteliktedir.

BESYO mezunu beden eğitimi öğretmenlerinin öğretmenlik mesleğine karşı tutumlarının kıdem yıllarına göre Kruskal Wallis testi karşılaştırması Tablo 4.2'de verilmiştir.

Tablo 4.2. BESYO mezunu beden eğitimi öğretmenlerinin kıdemlerine göre öğretmenlik mesleğine karşı tutumlarının karşılaştırılması

Deneyim	n	Sıra Ort.	Sd	x^2	p
0-5	26	70.54	3	0.135	.987
6-10	57	68.32			
11-15	33	68.55			
16-yuk	20	66.28			
Toplam	136				

Tablo 4.2'ye göre BESYO mezunu öğretmenlerin kıdemlerine göre öğretmenlik mesleğine karşı tutumları arasında istatistiksel bir fark bulunmamıştır (x^2: 0.135; $p>0.05$). Eğitim sistemi gereği beden eğitimi öğretmenlerinin beklentileri sınırlı düzeydedir bu sebepten dolayı aralarında farklılık çıkmamış olabilir. Ünlü 'nün (2008) Beden Eğitimi Öğretmenleri Yeterlilik Ölçeği Geçerlilik ve Güvenirlik Çalışmasında diğer branşlardaki öğretmenlerinde hizmet yılına göre mesleki yeterlikleri arasında istatistiksel farka rastlanmamıştır. Küçük (2012)'de müzik öğretmenliği mesleğine yönelik tutum puanlarının yaşa göre anlamlı bir fark yaratmadığını rapor etmiştir. Bu bulgular ve araştırma bulguları ışığında hizmet yılının bu branşlardaki öğretmenlerde mesleğe karşı tutumları etkilemediği düşünülebilir. Behets'in (1996) beden eğitimi öğretmenlerinin yeterliklerini değerlendirdikleri araştırmada hizmet yılına göre mesleki yeterliklerinde farklılık bulunmaması sonucu bizim araştırmamızı desteklemektedir. Beden eğitimi öğretmenlerinin mesleki kişilik yeterlikleri yaşlarına göre de farklılık göstermemiştir. Bu sonuç hizmet yılı değişkeni ile aynı olmaktadır.

BESYO mezunu beden eğitimi öğretmenlerinin öğretmenlik mesleğine karşı tutumlarının görev yaptıkları okullarda spor salonu bulunup bulunmamasına göre t testi karşılaştırması Tablo 4.3'te verilmiştir.

Tablo 4.3. BESYO mezunu öğretmenlerin görev yaptıkları okullarda spor salonu bulunup bulunmamasının öğretmenlik mesleğine karşı tutumlarını nasıl etkilediğinin karşılaştırılması

Spor Salonu	N	$\bar{x}$	ss	t	p
Var	55	4.12	.281	.231	.818
Yok	81	4.11	.285		

Tablo 4.3'e göre BESYO mezunu öğretmenlerin görev yaptıkları okulda spor salonu olup olmamasının öğretmenlik mesleğine karşı tutumlarının karşılaştırılması sonucu istatistiksel bir fark bulunmamıştır (t:.231; $p>0.05$). Beden eğitimi öğretmenleri lisans eğitimleri süresince her şartta öğretmenlik yapacak şekilde yetiştirilmektedirler. Mezun olan öğretmenler derslerini bahçede, sınıfta, koridorda yapabilmektedirler. Bu nedenle, spor salonu olan ve olmayan grup arasında mesleğe karşı tutumları arasında fark çıkmamış olabilir. Öğretmen gruplarının mesleğe karşı tutum puan ortalamalarının birbirine çok yakın olması da bunu göstermektedir. Diğer branş öğretmenleri üzerinde yapılan bir çalışmada materyal ve malzeme kullanımının öğrenmeyi kolaylaştırdığı, aktif öğrenmeyi sağladığı ve somut öğrenmeyi gerçekleştirdiği rapor edilmiştir. Beden eğitimi öğretmenlerin beklentilerinin spor salonu olmadığı, her şartta ve ortamda öğretmenlik mesleğini icra etmeye yönelik olduğu bilinmektedir. Bu beklentilerden dolayı da beden eğitimi öğretmenlerinin mesleğe karşı tutumlarını spor salonu olup olmamasının etkilemediği söylenebilir.

4.2. İkinci Alt Probleme Ait Bulgular ve Tartışma

Sınıf öğretmenliğinden beden eğitimi öğretmenliğine geçiş yapan beden eğitimi öğretmenlerinin cinsiyetleri, kıdem yılları, öğretmenlik yaptıkları okullarda spor salonu olup olmaması mesleğe yönelik tutumlarını etkilemekte midir? sorusu bu çalışmanın ikinci alt problemini oluşturmaktadır.

Sınıf öğretmenliği mezunu beden eğitimi öğretmenlerinin öğretmenlik mesleğine karşı tutumlarının cinsiyete göre Mann Whitney U testi karşılaştırması Tablo 4.4'te verilmiştir.

Tablo 4.4. Sınıf öğretmenliği mezunu beden eğitimi öğretmenlerinin öğretmenlik mesleğine karşı tutumlarının cinsiyete göre karşılaştırılması

Cinsiyet	n	Sıra Ort.	Sıra Toplam	U	p
Kadın	7	23.00	161	77	.273
Erkek	30	18.07	542		

Tablo 4.4'e göre sınıf öğretmenliği mezunu beden eğitimi öğretmenlerin öğretmenlik mesleğine karşı tutumlarının cinsiyete göre karşılaştırılması sonucu istatistiksel bir farka rastlanmamıştır (U:77; $p>0.05$). Elde edilen bulgularda kadın öğretmenlerin erkek öğretmenlere göre tutum puanları daha yüksek çıkmıştır ancak tutumları arasında istatistiksel bir farka rastlanmamıştır. Öğretmenlerin cinsiyet değişkeninin beden eğitimi öğretmenliği mesleğine karşı tutumlarında farklılığa sebep olmadığı ortaya konmuştur. Pehlivan ve arkadaşlarının (2005) yaptığı "Beden Eğitimi Öğretmen Adaylarının Fiziksel Benlik Algıları ve Öğretmenlik Mesleğine Yönelik Tutumlarının Analizi" konulu çalışmada, cinsiyetler açısından istatistiksel bir farka rastlamışlardır. Ancak bu araştırma öğretmen adayları üzerinde yapılmıştır. Yapılan bu araştırmada ise öğretmenlik yapanlar ele alınmıştır. Bu nedenle, çalışma grubu arasındaki farklılıkların grup farklılıklarından kaynaklandığı düşünülebilir.

Sınıf öğretmenliği mezunu beden eğitimi öğretmenlerinin öğretmenlik mesleğine karşı tutumlarının kıdem yıllarına göre Kruskal Wallis testi karşılaştırması Tablo 4.5'te verilmiştir.

Tablo 4.5. Sınıf öğretmenliği mezunu beden eğitimi öğretmenlerinin kıdem yıllarına göre öğretmenlik mesleğine karşı tutumlarının karşılaştırılması

Deneyim	n	Sıra Ort.	Sd	x^2	p
0-5	6	23.0	3	1.135	.769
6-10	4	18.5			
11-15	12	17.33			
16-yuk	15	18.87			
Toplam	37				

Tablo 4.5'e göre sınıf öğretmenliği mezunu beden eğitimi öğretmenlerinin kıdem yıllarına göre öğretmenlik mesleğine karşı tutumlarının karşılaştırması sonucu gruplar arasında istatistiksel bir fark bulunmamıştır (x^2:1.135; $p>0.05$). Kıdem yılı öğretmenlerin tutumları üzerinde etkili olmamıştır. Ocak ve Tortop'a (2006) ait çalışmada 20 yılın üstünde hizmet yılına sahip sınıf öğretmenlerinin beden eğitimi dersine ilişkin görüşlerinin daha olumlu olduğu belirlenmiştir. Öte yandan, Şirin ve Bozkurt (2005) beden eğitimi öğretme tekniklerini kullanma ve uygulama dereceleri açısından sınıf öğretmenlerinin görev süreleri arasında, 13 yıl ve üzerinde hizmet yılına sahip sınıf öğretmenleri lehine, istatistiksel olarak anlamlı bir farklılık bulmuşlardır. Bununla birlikte, Humphries ve Ashy (2000) ile O'Sullivan (1996) iyi bir şekilde yapılandırılmış alan deneyimlerine (beden eğitimi dersi işlemek, akran gözlemi, öğretmen raporları ve eğitici geri bildirimi) sahip sınıf öğretmenlerinin beden eğitimi dersine yönelik olumlu tutum geliştirdiklerini ve bu dersin önemini daha iyi anladıklarını vurgulamaktadırlar. Yapılan bu çalışmayla farklılık gösteren yukarıdaki çalışmalar, sınıf öğretmenlerinin programda yer alan sadece beden eğitimi derslerine girmelerinden kaynaklanıyor olabilir.

Sınıf öğretmenliği mezunu beden eğitimi öğretmenlerinin öğretmenlik mesleğine karşı tutumlarının görev yaptıkları okullarda spor salonu bulunup bulunmama durumuna göre Mann Whitney U testi karşılaştırması Tablo 4.6'da verilmiştir.

Tablo 4.6. Sınıf öğretmenliği mezunu beden eğitimi öğretmenlerinin görev yaptıkları okullarda spor salonu bulunup bulunmama durumuna göre tutumlarının karşılaştırılması

Spor Salonu	n	Sıra Ort.	Sıra Toplam	U	p
Var	18	17.8	321	150	.520
Yok	19	20.1	382		

Tablo 4.6'ya göre sınıf öğretmenliği mezunu beden eğitimi öğretmenlerin öğretmenlik yaptıkları okullarda spor salonu olup olmamasının öğretmenlik mesleğine karşı tutumlarını etkileyip etkilemediğine bakıldığında istatistiksel bir farkın olmadığı anlaşılmaktadır (U:150; $p>0.05$). Sınıf öğretmenliğinden beden eğitimi öğretmenliğine geçen öğretmenler de okul şartlarını bilen kişilerdir. Bu nedenle böyle bir beklenti içerisinde olmadan şartları bilerek beden eğitimi öğretmenliğini seçmeleri bu sonucu çıkarmış olabilir.

4.3. Üçüncü Alt Probleme Ait Bulgular ve Tartışma

Sınıf öğretmenliğinden beden eğitimi öğretmenliğine geçiş yapan öğretmenler ile BESYO mezunu öğretmenlerin cinsiyetleri, kıdem yılları, öğretmenlik yaptıkları okullarda spor salonu olup olmaması mesleğe yönelik tutumlarını etkilemekte midir? sorusu bu çalışmanın üçüncü alt problemini oluşturmaktadır.

BESYO mezunu ve sınıf öğretmenliği mezunu beden eğitimi öğretmenlerinin öğretmenlik mesleğine karşı tutumlarının cinsiyete göre Kruskal Wallis testi karşılaştırması Tablo 4.7'de verilmiştir.

Tablo 4.7. BESYO mezunu ve sınıf öğretmenliği mezunu beden eğitimi öğretmenlerinin öğretmenlik mesleğine karşı tutumlarının cinsiyete göre karşılaştırılması

Cinsiyet	n	Sıra Ort.	Sd	x^2	p
BESYO Kadın	40	96.5	3	10.65	.014
BESYO Erkek	96	92.0			
Sınıf Kadın	7	73.6			
Sınıf Erkek	30	61.6			

Tablo 4.7'ye bakıldığında BESYO mezunu ve sınıf öğretmenliği mezunu beden eğitimi öğretmenlerinin cinsiyete göre öğretmenlik mesleğine ilişkin tutumlarında istatistiksel olarak anlamlı bir fark olduğu görülmektedir (x^2:10.65; $p<0.05$). Öğretmen adaylarının mesleğe karşı tutumları ile ilgili yapılan Çapa ve Çil (2000); Çeliköz ve Çetin (2004); Tanrıöğen (1997); Üstün, Erkan ve Akman (2004); Gürbüz ve Kışoğlu (2007) ve Sağlam'ın (2008) çalışmalarda öğretmenlik mesleğine karşı kadınların olumlu bir tutuma sahip oldukları saptanmıştır. Bu sonuçlar, çalışmada olduğu gibi, cinsiyetin öğretmenlik mesleğine karşı tutumu etkilediğini bizlere göstermektedir.

BESYO mezunu ve sınıf öğretmenliği mezunu beden eğitimi öğretmenlerinin öğretmenlik mesleğine karşı tutumlarının mezuniyet durumuna göre Mann Whitney U testi karşılaştırması Tablo 4.8'de verilmiştir.

Tablo 4.8. BESYO mezunu ve sınıf öğretmenliği mezunu kadın beden eğitimi öğretmenlerinin mezuniyet durumuna göre karşılaştırılması

Mezuniyet/Cinsiyet	n	Sıra Ort.	Sıra Toplam	U	p
BESYO Kadın	40	25.1	104	95.5	.182
Sınıf Kadın	7	17.7	123		

Tablo 4.8'e göre BESYO mezunu ve sınıf öğretmenliği mezunu kadın beden eğitimi öğretmenlerinin mezuniyet durumlarının öğretmenlik mesleğine karşı tutumlarında istatistiksel bir farka rastlanmamıştır (U:95.5; $p>0.05$). Bu bulgular dikkate alındığında, kadın beden eğitimi öğretmenlerinin mezun oldukları okulların mesleğe karşı tutumlarını etkilemediği söylenebilir. Bunun nedeni her iki grubun aynı şartlarda öğretmenlik yapmalarından, kaynaklanıyor olabilir. Sevim ve Gezer (2008)'de kadın öğretmenlerin çalıştıkları okul ortamıyla ilgili tutum ve görüşlerinin olumlu yönde yüksek olduğu, çalışma ortamlarında risk ve sorumluluk üstlenebildiklerini belirtmektedir.

BESYO mezunu ve sınıf öğretmenliği mezunu beden eğitimi öğretmenlerinin öğretmenlik mesleğine karşı tutumlarının mezuniyet durumuna göre t testi karşılaştırması Tablo 4.9'da verilmiştir.

Tablo 4.9. BESYO mezunu ve sınıf öğretmenliği mezunu erkek beden eğitimi öğretmenlerinin mezuniyet durumuna göre öğretmenlik mesleğine karşı tutumlarının karşılaştırılması

Mezuniyet/Cinsiyet	n	$\bar{x}$	ss	t	p
BESYO Erkek	96	4.12	.285	2.74	.007
Sınıf Erkek	30	3.96	.246		

Tablo 4.9'a göre BESYO mezunu ve sınıf öğretmenliği mezunu erkek beden eğitimi öğretmenlerinin mezuniyet durumuna göre öğretmenlik mesleğine karşı tutumlarında, BESYO mezunları lehine istatistiksel bir fark bulunmuştur (t:2.74; $p<0.01$). Bunun sebebinin BESYO mezunu beden eğitimi öğretmenlerinin alana daha hakim olmalarından kaynaklandığı söylenebilir. Newton ve Newton (2005), sınıf öğretmenlerinin, özellikle beden eğitimi derslerinde kendilerine güven eksikliği duyduğunu öne sürmüş; bunun temel nedeni olarak da beden eğitimi derslerinde motor becerilerin ağırlıkta olmasını göstermişlerdir.

BESYO mezunu ve sınıf öğretmenliği mezunu beden eğitimi öğretmenlerinin öğretmenlik mesleğine karşı tutumlarının t testi karşılaştırması Tablo 4.10'da verilmiştir.

Tablo 4.10. BESYO mezunu kadın ve sınıf öğretmenliği mezunu erkek beden eğitimi öğretmenlerinin öğretmenlik mesleğine karşı tutumlarının karşılaştırılması

Mezuniyet/Cinsiyet	n	$\bar{x}$	ss	Sd	t	p
BESYO Kadın	40	4.11	.281	68	2.37	.021
Sınıf Erkek	30	3.96	.246			

Tablo 4.10'a göre BESYO mezunu kadın ve sınıf öğretmenliği mezunu erkek beden eğitimi öğretmenlerinin öğretmenlik mesleğine karşı tutumlarında BESYO mezunu kadın beden eğitimi öğretmenleri lehine istatistiksel olarak anlamlı bir fark görülmüştür ($t{:}2.37$; $p<0.05$). Brumbaugh (1987), beden eğitimi dersinin okullarda sorunlu bir ders olduğunu, beden eğitimi programının yeterince uygulanamadığını, beceriye odaklı beden eğitimi ders programının sınıf öğretmenleri tarafından zor tamamlandığını ve beden eğitimi öğretmenleri ile güvenilir bir işbirliğine ihtiyaç duyulduğunu ortaya koymuştur. BESYO mezunu kadın beden eğitimi öğretmenlerinin lisans eğitimi öncesi sportif etkinliklere katılmış olduğu kabul edilirse, sınıf öğretmenliğinden mezun erkek beden eğitimi öğretmenlerinden grup liderliği ve gruba hâkimiyet konusunda daha tecrübeli olduğu söylenebilir. Bu tecrübe BESYO mezunu kadın beden eğitimi öğretmenleri ile sınıf öğretmenliğinden mezun erkek beden eğitimi öğretmenlerinin mesleğe karşı tutumları arasında istatistiksel bir fark yaratmış olabilir.

BESYO mezunu erkek ve sınıf öğretmenliği mezunu kadın beden eğitimi öğretmenlerinin öğretmenlik mesleğine karşı tutumlarının Mann Whitney U testi ile karşılaştırması Tablo 4.11'de verilmiştir.

Tablo 4.11. BESYO mezunu erkek ve sınıf öğretmenliği mezunu kadın beden eğitimi öğretmenlerinin öğretmenlik mesleğine karşı tutumlarının karşılaştırılması

Mezuniyet/Cinsiyet	n	Sıra Ort.	Sıra Toplam	U	p
BESYO Erkek	96	52.8	5069	258.5	.308
Sınıf Kadın	7	40.9	286		

Tablo 4.11'e göre BESYO mezunu erkek ve sınıf öğretmenliği mezunu kadın beden eğitimi öğretmenlerinin öğretmenlik mesleğine karşı tutumlarında istatistiksel bir fark görülmemiştir (U:258.5; p>0.05). Bununla beraber, Gürbüztürk ve Genç'in (2004) öğretmen adaylarının mesleğe ilişkin görüşlerini inceleyen çalışmalarında öğretmenlik mesleğine ilişkin görüşleri arasında fark olmadığını belirtmişlerdir. Ayrıca, bu konuda yapılan araştırmalarda Bulut, (2009); Özder, Konedralı ve Zeki, (2010); Taşkın ve Hacıömeroğlu, (2010); Demirtaş, Cömert ve Özer, (2011) öğretmen adaylarının mesleğe ilişkin tutum puanlarının cinsiyete göre farklılaşmadığı belirlenmiştir. Bu sonuçlar da çalışmamızı destekler niteliktedir.

BESYO mezunu ve sınıf öğretmenliği mezunu beden eğitimi öğretmenlerinin öğretmenlik mesleğine karşı tutumlarının görev yaptıkları okullarda spor salonu olup olmama durumuna göre Kruskal Wallis testi karşılaştırması Tablo 4.12'de verilmiştir.

Tablo 4.12. BESYO mezunu ve Sınıf öğretmenliği mezunu beden eğitimi öğretmenlerinin görev yaptıkları okullardaki spor salonu olup olmama durumuna göre öğretmenlik mesleğine karşı tutumlarının karşılaştırılması

Bölüm-Salon	n	Sıra Ort.	Sd	x^2	p
BESYO -Salon Var	54	97.8	3	11.09	.011
BESYO -Salon Yok	82	90.3			
Sınıf -Salon Var	18	59.6			
Sınıf -Salon Yok	19	68.0			

Tablo 4.12'ye göre BESYO mezunu ve sınıf öğretmenliği mezunu beden eğitimi öğretmenlerinin görev yaptıkları okullardaki spor salonu olma durumuna göre öğretmenlik mesleğine karşı tutumlarının karşılaştırılması sonucu okullarında spor salonu bulunan BESYO mezunları lehine istatistiksel bir farka rastlanmıştır (x^2:11.09; $p<0.05$). Thompson (1996) çalışmasında, sınıf öğretmenlerinin beden eğitimini yeterli düzeyde yürütecek niteliklerden yoksun olduğunu, bunun başlıca nedeninin ise öğretmen yetiştirme programlarındaki eksikliklerden kaynaklandığını belirtmiştir. BESYO mezunu beden eğitimi öğretmenlerinin spor salonlarında ders yapıyor olmaları aldıkları eğitimden dolayı onların daha aktif ders yapmalarına yarayacaktır. Bu aktif ders ortamının istatistiksel farkı yaratmış olabileceği düşünülmektedir.

Benzer çalışmalarda ise araç gereç kullanımı şu şekilde değerlendirilmiştir. Öğretmenler öğrenme işlemine katılan duyu organı sayısını artırarak daha fazla ve kalıcı öğrenmenin gerçekleşmesine yardımcı olurlar (Yalın, 2003). Dolayısıyla derslerde araç-gereç ve tesis kullanımı, eğitimin kalitesini yükseltir, verimliliği arttırır. Öğrencilere daha zengin yaşantılar kazandırır (Doğdu ve Arslan, 1993). Derste araç-gereç ve tesis kullanmak öğretmene etkili bir öğretme ortamı yaratacaktır. Öğrencilerin bilgiyi ezberlemeleri yerine pratik öğrenme gerçekleşecektir. Öğrencilerin ilgisini çekerek derse katılmasını sağlayacaktır. Dolayısıyla öğrencilerin başarıları artacaktır. Yapılan birçok çalışmada, derslerde araç gereç ve tesis kullanımının olumlu yönde etkileri olduğunu göstermektedir. Wiske ve diğerleri, (1988) öğretmen inançlarının, teknoloji kullanma kararlarında etkili olduğunu belirlemişlerdir. Dolayısıyla öğretmenlerin araç-gereç ve tesis kullanımı olumlu tutum geliştirmelerinin sağlanmasıyla etkili bir öğretim süreci için önemlidir.

BESYO mezunu ve sınıf öğretmenliği mezunu beden eğitimi öğretmenlerinin öğretmenlik mesleğine karşı tutumlarının kıdem yıllarına göre Kruskal Wallis testi karşılaştırması Tablo 4.13'te verilmiştir.

Tablo 4.13. BESYO mezunu ve sınıf öğretmenliği mezunu beden eğitimi öğretmenlerinin kıdemlerine göre öğretmenlik mesleği tutumlarının karşılaştırılması

Kıdem (yıl)	n	Sıra Ort.	Sd	x^2	p
0-5 BESYO	26	96.3	77	12.005	.100
6-10 BESYO	57	94.1			
11-15 BESYO	33	95.29			
16-yuk BESYO	20	85.58			
0-5 Sınıf	6	58.5			
6-10 Sınıf	4	51.75			
11-15 Sınıf	12	62.58			
16-yuk Sınıf	15	67.8			

Tablo 4.13'e göre BESYO mezunu ve sınıf öğretmenliği mezunu beden eğitimi öğretmenlerinin kıdem yılına göre öğretmenlik mesleğine karşı tutumlarının karşılaştırılması sonucu istatistiksel olarak anlamlı bir farklılık bulunmamıştır (x^2:12.005; p>0.05). Korkmaz (2009) yaptığı araştırmada öğretmenlerin yaşlarının ilerlemesiyle mesleklerine karşı duydukları sorumluluğun arttığını, özel bilgi, çağdaşlık, düşünsel ve duygusal hazırlık bağlamında görüş ve bakış açılarında da olumlu değişimler olduğu; deneyim arttıkça insanların mesleklerini daha çok sahiplenmesi sorumluluk sahibi olmaları, mesleklerin gerekliliklerini yerine getirmede daha başarılı ve bilinçli olduklarını belirtmektedir. Karahan (2005)'a göre de 41-45 yaş grubundaki öğretmenlerin öğretmenlik tutumlarının daha olumlu olmasında, bu yaş grubundaki öğretmenlerin daha tecrübeli olmaları ve mesleği ile ilgili bilgileri daha iyi kullanabilmeleri etkilidir. Tanrıverdi (2008) tarafından yapılan araştırmada da yaş yükseldikçe öğretmenin mesleğe yönelik tutumun arttığı sonucuna varılmıştır. Yapılan bu çalışmalar araştırma bulgularıyla örtüşmemektedir. Bu nedenle, beden eğitimi öğretmenlerinin kıdemlere göre öğretmenlik mesleğine karşı tutumlarının değişmemesi nedenleri araştırılmalıdır.

5. Sonuç ve Öneriler

5.1.Sonuçlar

Bu araştırmada sınıf öğretmenliği ve beden eğitimi öğretmenliği mezunu öğretmenlerin beden eğitimi mesleğine yönelik tutumlarının karşılaştırılması amaçlanmıştır.

- Araştırmaya katılan BESYO mezunu öğretmenlerin öğretmenlik mesleğine karşı tutumlarında cinsiyete göre gruplar arasında istatistiksel bir fark olmadığı anlaşılmaktadır (p>0,05).
- BESYO mezunu öğretmenlerin kıdem yıllarına göre öğretmenlik mesleğine karşı tutumları arasında istatistiksel olarak anlamalı bir fark bulunmamıştır (p>0,05).
- BESYO mezunu öğretmenlerin görev yaptıkları okullarda spor salonu olup olmaması durumuna göre gruplar arasında istatistiksel olarak anlamlı bir fark bulunmamıştır (p>0,05).
- Sınıf öğretmenliği mezunu beden eğitimi öğretmenlerinin tutumlarının cinsiyete göre karşılaştırılması sonucu istatistiksel olarak anlamlı bir farka rastlanmamıştır (p>0,05).
- Sınıf öğretmenliği mezunu beden eğitimi öğretmenlerinin kıdem yıllarına göre tutumlarında istatistiksel olarak anlamlı bir fark bulunmamıştır (p>0,05).
- Sınıf öğretmenliği mezunu beden eğitimi öğretmenlerinin öğretmenlik yaptıkları okullarda spor salonu olup olmaması durumuna göre gruplar arasında istatistiksel olarak anlamlı bir farkın olmadığı anlaşılmaktadır (p>0,05).

- BESYO mezunu ve sınıf öğretmenliği mezunu beden eğitimi öğretmenlerinin cinsiyete göre tutumlarında istatistiksel olarak anlamlı bir fark olduğu görülmektedir ($p<0,05$).
- BESYO mezunu ve Sınıf öğretmenliği mezunu kadın beden eğitimi öğretmenlerinin tutumlarında istatistiksel olarak anlamlı bir farka rastlanmamıştır ($p<0,05$).
- BESYO mezunu ve sınıf öğretmenliği mezunu erkek beden eğitimi öğretmenlerinin tutumlarında BESYO mezunları lehine istatistiksel bir fark bulunmuştur ($p<0,01$).
- BESYO mezunu kadın ve sınıf öğretmenliği mezunu erkek beden eğitimi öğretmenlerinin tutumlarında BESYO mezunları lehine istatistiksel olarak anlamlı bir fark görülmüştür ($p<0,05$).
- BESYO mezunu erkek ve sınıf öğretmenliği mezunu kadın beden eğitimi öğretmenlerinin tutumlarında istatistiksel olarak anlamlı bir fark görülmemiştir ($p>0,05$).
- BESYO mezunu ve sınıf öğretmenliği mezunu beden eğitimi öğretmenlerinin görev yaptıkları okullarda spor salonu olup olmaması durumuna göre tutumlarının karşılaştırılması sonucu BESYO mezunları lehine istatistiksel bir farka rastlanmıştır ($p<0,05$).
- BESYO mezunu ve sınıf öğretmenliği mezunu beden eğitimi öğretmenlerinin kıdem yıllarına göre tutumlarının karşılaştırılması sonucu istatistiksel olarak anlamlı bir farklılık bulunmamıştır ($p>0,05$).

5.2. Öneriler

Araştırmadan elde edilen sonuçlar doğrultusunda aşağıdaki öneriler geliştirilmiştir.

- Sınıf öğretmenliğinden beden eğitimi öğretmenliğine geçişlerin çok yeni olması sebebi ile araştırma ileriki yıllarda tekrar yapılabilir.
- Araştırma evreni daha geniş tutularak daha kapsamlı bir çalışma yapılabilir.
- Sınıf öğretmenliğinden diğer yan alanlara geçen öğretmenlerin mesleğe karşı tutumlarının karşılaştırılması yapılabilir.
- Çalışmamız nitel çalışmalar ile de desteklenebilir.

KAYNAKÇA

Açışlı, S. (2012).Eğitim ve Öğretim Araştırmaları Dergisi Journal of Research in Education and Teaching Mayıs, Haziran, Temmuz 2012 Cilt 1, Sayı 2.

Açak, M. (1997). *Beden Eğitimi Öğretmeninin El Kitabı*, Dünya BasımEvi, Malatya.

Açak, M. (2005). *Beden Eğitimi Öğretmeninin El Kitabı*, İstanbul: Yayıncılık Matbaası.

Akbaş, M. (2008). *"Endüstri Meslek Liselerinde Görev Yapan Öğretmenlerin Evlilik Uyumları ile Öğretmenlik Tutumları Arasındaki İlişki"*, Yüksek Lisans Tezi, Yeditepe Üniversitesi, Sosyal Bilimler Enstitüsü, İstanbul.

Akpınar, E, Yıldız, E. ve Ergin, Ö. (2006). *Fen Bilgisi Öğretmen Adaylarının Öğretmenlik Mesleğine Yönelik Tutumları.* Yayımlanmış Doktora Tezi Buca Eğitim Fakültesi Dergisi, Güz 2011, 9.

Aktepe, V. (2004). *İlköğretim I.Kademede Görev Yapan Sınıf Öğretmenlerinin Öğrencilerini Tanıma Yeterliliği*, Selçuk Üniversitesi Sosyal Bilimler Enstitüsü, Yayımlanmamış Yüksek Lisans Tezi, Konya.

Alaylıoğlu, Ruşen ve A. Ferhan Oğuzkan. (1976). *Ansiklopedik Eğitim Sözlüğü.* İkinci baskı.

Alıcıgüzel, İ. (1975). *İlk ve Orta Dereceli Okullarda Öğretim*, İnkılap ve Aka Yayınevi, İstanbul.

Alkan, C. (1998). *Öğretmenlik Mesleğinde İstihdam.* Çağdaş Eğitim Dergisi, (241): 12.

Anderson L.W. (1988). *Attitudes and their measurement. In Keeves, J.P. (Ed.), Educational research, methodology and measurement*: An international handbook. New York, Pergamon Press.

Aracı, H. (1999). *Okullarda Beden Eğitimi.* Ankara: Bağırgan Yayınevi.

Arkonaç, S.A. (2001). *Sosyal Psikoloji* (2.Baskı). İstanbul: Alfa Basım Yayım Dağıtım.

Aşkar, P. ve Erden, M. (1987). "Öğretmenlik Mesleğine Yönelik Tutum Ölçeği",*Çağdaş Eğitim Dergisi*, 12 (121), 8–1.

Aydın, M. (1993). *Çağdaş Eğitim Denetimi*. Ankara: Pegem AYayıncılık.

Aydın, M. (2005). *Eğitim Yönetimi.* Yedinci baskı. Hatiboğlu Yayınevi, Ankara.

Aytar,E. 2013). Öğretmenlik mesleği(http://yayim.meb.gov.tr/dergiler/sayi58/ilhan.htm, 13.10.2014 tarihinde erişildi).

Bandura, A. (1994). Self-efficacy. In V. S. Ramachaudran (Ed.), Encyclopedia of human behavior (Vol. 4). New York: Academic Press. (Reprinted in H. Friedman [Ed.], Encyclopedia of mental health. San Diego: Academic Press, 1998).

Baumgartner, T. A., and A. S. Jackson. (1975). *Reliability, validity, and objectivity measurement for evaluation in physical education.* 78-83.

Baysal, A. C. (1981). *Sosyal ve Örgütsel Psikolojide Tutumlar*, İstanbul Üniversitesi İşletme Fakültesi. Yalçın Ofset Matbaası, İstanbul.

Behets, D. (1996). *Comparison of Visual İnformation Processing Between Preservice Students and Experienced Physical Education Teachers.* Journal of Teaching in Physical Education. 16, 79–87.

Bilgin, H. (1996). *Okulöncesi Eğitim Kurumlarında Çalışan Öğretmenlerin Öğretmenlik Tutumlarının incelenmesi.* II. Ulusal Eğitim Sempozyumu Bildirileri, 18-20.

Bontempo, B. T., Digman, S. (1985). "Entry level profile: student attitudes toward the Teaching Profession", *Paper presented at the annual meeting of the Annual Meeting of the American Educational Research Association,* Chicago, March-April. (ERIC Document Reproduction Service No. ED 258949.

Brown, M. M. (1992). "Caribbean first-year teachers' reasons for choosing teaching as a career", *Journal of Education for Teaching, 18*(2), 185-195.

Brumbaugh J. (1987). *A view of physical education: Perceptions of five classroom teachers.* Yayımlanmamış Doktora Tezi. North Carolina Üniversitesi. Chicago University of Chicago Press.

Bucher C.A., (1987). *Management of Physical Education and Athletic Programs.* Times Mirror, s.188, Toronto.

Bucher C.A., Koenig CR. (1983). *Method and Material for Secondary School Phycial Education.* Saint Louis: The C.V. Mossey Company.

Bulut, İ. (2009). *Öğretmen Adaylarının Öğretmenlik Mesleğine Yönelik Tutumlarının Değerlendirilmesi*, Dicle Üniversitesi Ziya Gökalp Eğitim Fakültesi Dergisi, 18 : 69–73.

Bursalıoğlu,Z. (1991). *Okul Yönetiminde Yeni Yapı ve Davranış*. Sekizinci baskı. Ankara: Pegem Yayınları.

Çelenk, S. (1988). "Eğitim Yüksek Okulu Öğrencilerinin Öğretmenlik Mesleğine İlişkin Tutumları", *Yayınlanmamış Yüksek Lisans Tezi*, Selçuk Üniversitesi Sosyal Bilimler Enstitüsü, Konya.

Çakır, Ö.Kan, A. Sünbül, Ö. (2006).*Öğretmenlik Meslek Bilgisi ve Tezsiz Yüksek Lisans*. Mersin Üniversitesi Eğitim Fakültesi Dergisi, Cilt 2, Sayı 1.

Çapa, Y. ve Çil, N. (2000). *Öğretmen Adaylarının Öğretmenlik Mesleğine Yönelik Tutumları,* Hacettepe Üniversitesi Eğitim Fakültesi Dergisi, Cilt 8, Sayı 2

Çapri, B. ve Çelikkaleli, Ö. (2008). *Öğretmen Adaylarının Öğretmenliğe İlişkin Tutum ve Mesleki Yeterlik İnançlarının Cinsiyet, Program ve Fakültelerine Göre İncelenmesi.* İnönü Üniversitesi Eğitim Fakültesi Dergisi Sayı 15.

Çeliköz, N. ve Çetin, F. (2004). *Anadolu Öğretmen Lisesi Öğrencilerinin Öğretmenlik Mesleğine Yönelik Tutumları.* Yayımlanmış Yüksek Lisans Tezi. Fırat Üniversitesi Sosyal Bilimler Dergisi, Cilt 18, Sayı 1

Çepni, S. (2007). Araştırma ve proje çalışmalarına giriş (3.Baskı).Trabzon: Celepler Matbaacılık.

Çıttır, T. (2003). *Gazi Üniversitesi Mesleki Eğitim Fakültesi El Sanatları Eğitimi Bölümü Öğrencilerinin Devam Ettikleri Öğretmenlik Programlarına İlişkin Tutumları İle Akademik Başarıları Arasındaki İlişki,* Yüksek Lisans Tezi Ankara Gazi Üniversitesi Eğitim Bilimleri Enstitüsü.

Çiçek-Sağlam, A. (2008). *Müzik Öğretmenliği Bölümü Öğrencilerinin Öğretmenlik Mesleğine Yönelik Tutumları.* Yüzüncü Yıl Üniversitesi Eğitim Fakültesi Dergisi, Cilt 5, Sayı 1.

Demirel, Ö. (2003). *Eğitim Sözlüğü*. Ankara: Pegem A Yayıncılık.

Demirel, Ö. ve Ün, K. (1987). *Eğitim Terimleri*, Ankara, Şafak Matbaası.

Demirhan, G. ve Altay, F. (2001*). Lise birinci sınıf öğrencilerinin beden eğitim ve spora ilişkin tutum ölçeği* II. Spor Bilimleri Dergisi, 12, (2).

Demirtaş, H., Cömert, M. Özer, N. (2011). *Öğretmen Adaylarının Öz yeterlilik İnançları Ve Öğretmenlik Mesleğine İlişkin Tutumları*, Yayımlanmış Yüksek Lisans Tezi, Cilt 36, Sayı 159.

Demirtaş, H. ve Hasan G. (2002). *Eğitim Yönetimi ve Denetimi Sözlüğü.* Ankara: Anı Yayıncılık.

Doğanay ve Sarı, M. (2006). *Öğretim Amaçlarının Belirlenmesi, İfade Edilmesi ve Uygun İçeriğin Seçimi Öğretimde Planlama ve Değerlendirme.* (Ed. Ahmet Doğanay ve Emin Karip) Ankara: Pegem A Yayınları.

Doğdu, S. ve Arslan, Z. (1993), *Eğitim Teknoloji Uygulamaları ve Eğitim Araç ve Gereçleri*, Tekışık A.Ş Veb Ofset Tesisleri Ankara.

Durmuşoğlu, M. C. Yanık, C. Akkoyunlu, B. (2009). *Türk ve Azeri Öğretmen Adaylarının Öğretmenlik Mesleğine Yönelik Tutumları.* Hacettepe Üniversitesi Eğitim Fakültesi Dergisi, Cilt 76, Sayı:86.

Erdem, A. R. ve Anılan, H. (2000). *PAÜ Eğitim Fakültesi Sınıf Öğretmenliği Öğrencilerinin Öğretmenlik Mesleğine Karşı Tutumları.* Başkent Üniversitesi, Eğitim Fakültesi, Cilt 34, Sayı 153.

Erden, M. (1995). *Öğretmen adaylarının öğretmenlik sertifikası derslerine yönelik tutumları.* Hacettepe Üniversitesi Eğitim Fakültesi Dergisi. Sayı 11.

Eren, E. (2000). *Örgütsel Davranış ve Yönetim Psikolojisi.* İstanbul: Beta Basım Yayım Dağıtım.

Erkuş, A. (2003). *Psikometri Üzerine Yazılar.* Ankara: Türk Psikologlar Derneği Yayınları.

Ertürk, S. (1972). *Eğitimde Program Geliştirme,* Yelkentepe Yayınları, Ankara.

Freedman, J.L, Sears, D.O. ve Carlsmith, J.M. (1993). *Sosyal Psikoloji.* 3.baskı İmge Yayınevi, Ankara.

Gagne, R. M. (1985). *The conditions of learning* (4th ed.). New York: Holt, Rinehart and Winston.

Güçlü, M. (2002). *İlköğretimde kalabalık sınıflar sorunu ve çözüm önerileri.* Eğitim Araştırmaları 9,2 52-58.

Güllü M. ve Güçlü M. (2009). *Ortaöğretim Öğrencileri İçin Beden Eğitimi Dersi Tutum Ölçeğinin Geliştirilmesi.* Niğde Üniversitesi Beden Eğitimi ve Spor Bilimleri Dergisi. Cilt 3, Sayı 2.

Güneyli, A. ve Aslan, C. (2009). *Evaluation of Turkish prospective teachers' attitudes towards teaching profession (Near East University case). Procedia Social and Behavioral Sciences*, 313–319.

Gürbüz, H. ve Kışoğlu, M. (2007). *Tezsiz Yüksek Lisans Programına Devam Eden Fen-Edebiyat ve Eğitim Fakültesi Öğrencilerinin Öğretmenlik Mesleğine Yönelik Tutumları (Atatürk Üniversitesi Örneği).* Erzincan Eğitim Fakültesi Dergisi, Cilt 9, Sayı 2.

Gürbüz, H. ve Sülün, A. (2004). *Türkiye' de Biyoloji Öğretmenleri ve Biyoloji Öğretmen Adaylarının Nitelikleri. Milli Eğitim Dergisi,* Sayı 161.

Gürbüztürk, O. ve Genç, S. Z. (2004). *Öğretmen Adaylarının Öğretmenlik Mesleğine Yönelik Tutumları.* Cilt 8, Sayı 2.

Gürkan, T. (1993). *İlkokul Öğretmenlerinin Öğretmenlik Tutumları İle Benlik Kavramları Arasındaki İlişki,* Ankara: Sevinç Matbaası.

Harmandar, İ. H. (2004*). Beden Eğitimi ve Spor'da Özel Öğretim Yöntemleri.* Ankara: Nobel Yayın Dağıtım.

Haywood K.M. (1989). *Life Span Motor Development. Champaing Human Kinetics. Pub Inc.*

Hotaman, D. (1995), *Gülhane Askeri Tıp Akademisi Sağlık Meslek Yüksek Okulu Hemşirelik Bölümü Öğrencilerinin Tutumları İle Akademik Başarıları Arasındaki İlişki,* Yayımlanmamış Yüksek Lisans Tezi Ankara, Hacettepe Üniversitesi Sosyal Bilimler Enstitüsü.

http://www.memurhaber.com/sinif-ogretmeni-alan-degisikligi-iptal-h20482.html

Humphries, C. A. ve Ashy, M. (2000). *Each time I taught, I learned: Elementary education majors' perceptions of their ability to teach physical education following an extended practicum.* Research Quarterly For Exercise And Sport, 70(1), A90.

İlhan, A, Ç. (2004). 21. *Yüzyılda Öğretmen Yeterlilikleri.* Bilim ve Aklın Aydınlığında Eğitim Dergisi, Sayı 58

İnceoğlu, M. (1993). *Tutum Algı İletişim,* Ankara. V Yayınları.

İnceoğlu, M. (2004). Tutum, Algı, İletişim. Ankara. Elips Kitap.

İnceoğlu, M. (2010). *Tutum algı iletişim (5.Baskı).* İstanbul: İyi işler Yayıncılık.

Kağıtçıbaşı, Ç. (1999). Yeni İnsan ve İnsanlar. İstanbul. Evrim Yayınevi.

Karahan, H. (2005). *Ortaöğretim Kurumlarında Görev Yapan Coğrafya Öğretmenlerinin Diğer Öğretmenlerle Öğretmenlik Tutumları Açısından İncelenmesi*, Yayımlanmış Yüksek Lisans Tezi, Marmara Üniversitesi Eğitim Bilimleri Enstitüsü, İstanbul.

Karatekin, Z. Merey, Z. ve Kus, Z. (2012). *Öğretmen Adayları ve Öğretmenlerin Demokratik Tutumlarının Çeşitli Değişkenler Açısından İncelenmesi,* Kastamonu Eğitim Fakültesi Dergisi Mayıs Sayısı.

Kaya, A. ve Büyükkasap, E. (2005). *Fizik Öğretmenliği Programı Öğrencilerinin Profilleri, Öğretmenlik Mesleğine Yönelik Tutum ve Endişeleri Erzurum Örneği.* Kastamonu Eğitim Dergisi, Cilt 3, No 2.

Kyriacou, C., Hultgren, A., Stephens, P. (1999). "Student teachers' motivation to become a secondary school teacher in England and Norway", *Teacher Development*, *3*(3), 373-381.

Korkmaz, G. (2009). *İlköğretim Okulları'nda Görev Yapan Öğretmenlerin Okul Yaşam Kalitesini Algılama Düzeyleri ve Mesleki Tutumların İncelenmesi*, Yayımlanmış Yüksek Lisans Tezi, Çukurova Üniversitesi Sosyal Bilimler Enstitüsü, Adana.

Küçük, D. (2012). *Müzik Öğretmenlerinin Müzik Öğretmenliği Mesleğine Yönelik Tutumları.* Sayı 19.

Küçükahmet, L. (2003). *Öğretimi Planlama ve Değerlendirme.* Ankara: Nobel Yayın Dağıtım.

Levin, T. Naama, S. ve Zipora, L. (1991). *Achievements and attitudinal patterns of boys and girls in science.* Journal of Research in Science Teaching, 28 (4): 315-328.

Marchant, G.J. (1992). "Attitudes toward research based effective teaching behaviors", *Journal of Instructional Psychology*, 19(2), 127–131.

Milli Eğitim Temel Kanunu. (1973). *Resmi Gazete,* 1739/14574.

Morgan, C.T. (1991). *Psikolojiye giriş.* 8. Baskı (Çev. Arıcı, H., Aydın, O. ve ark.), Ankara, Hacettepe Üniversitesi Psikoloji Bölümü Yayınları.

Newton L.D, Newton DP. (2005). Can elementary textbooks help teachers teach physical education for understanding? *Int J Phys Educ.* Journal 42.

Ocak Y. ve Tortop Y. (2006). *Sınıf Öğretmenlerinin Beden Eğitimi Derslerine İlişkin Genel Görüşleri ve Beden Eğitimi Derslerini Yürürken Karşılaştıkları Sorunlar 9. Uluslararası Spor Bilimleri Kongresi.* 3-5 Kasım, Muğla.

Oğuzkan, A. F. (1974). *Eğitim Terimleri Sözlüğü.* Ankara: Türk Dil Kurumu.

Oğuzkan, F. (1981). *Eğitim Terimleri Sözlüğü*, 2. Baskı, Ankara: TDK Yayını.

Oğuzkan, A.F. (1993). *Eğitim terimleri sözlüğü.* Ankara. Gül Yayınları.

O'Sullivan M. (1996). *What do we know about the professional preparation of teachers? Student learning in physical education.* Applying research to enhance instruction (SJ Silverman ve CD Ennis, Ed.), (315-337). Champaign: Human Kinetics.

Ozankaya, Ö. (1982). *Toplumbilim*, Tekin Yayınevi, Ankara.

Öncü E., Cihan H.(2012). "*Sınıf Öğretmeni Adaylarının Beden Eğitimi Dersine Yönelik Tutum Ölçeği Geliştirilmesi*", Dicle Üniversitesi Ziya Gökalp Eğitim Fakültesi Dergisi, 18, 31-47.

Öymen, H. R. (1969). *Doğulu ve batılı yönü ile eğitim tarihi.* Ayyıldız Matbaası.

Özdemir, D. (2006). *Sosyal Bilgiler Dersinin Düşünme Becerilerini Kazandırma Düzeyine İlişkin Öğretmen Görüşleri*, Yüksek Lisans Tezi, Eskişehir Osmangazi Üniversitesi.

Özder, H, Güner K, Canan P. Z. (2010). *Öğretmen adaylarının öğretmenlik mesleğine yönelik tutumlarının çeşitli değişkenler açısından incelenmesi. Kuram ve Uygulamada Eğitim Yönetimi* 16. 2 253-275.

Özer ve ark. (2013). Adıyaman Üniversitesi Sosyal Bilimler Enstitüsü Dergisi Yıl:6 Sayı:15.

Özgüven, İ.E. (1998). *Psikolojik Testler.* (2. Basım). Ankara: PDREM Yayınları.

Pehlivan Z, Dönmez B, Yaşat H. (2005). *Sınıf Öğretmenlerinin Beden Eğitimi Dersine Yönelik Görüşleri.* Gazi Beden Eğitimi ve Spor Bilimleri Dergisi. Cilt 10, Sayı 3.

Robbins, S. (1994). *Örgütsel Davranışın Temelleri* (Çev: Sevgi Ayşe Öztürk) Eskişehir ETAM Basım Yayın.

Sağlam, G. (2008). *Müzik Öğretmenliği Bölümü Öğrencilerinin Öğretmenlik Mesleğine Yönelik Tutumlar.* Yüzüncü Yıl Üniversitesi, Eğitim Fakültesi Dergisi. Haziran 2008. Cilt 5, Sayı 1.

Sakallı, N. (2001). *Sosyal Etkiler: Kim Kimi Nasıl Etkiler,* Ankara: İmge Kitabevi.

Saracoğlu, A. S. ve Varol, S. R. (1993). *Üniversite Öğrencilerinin Spora İlişkin Görüş ve Beklentileri*, Spor Bilimleri Dergisi, Ankara. Cilt 12, Sayı 26.

Saracoğlu, S., M. Soylak, and L. Elci. (2001). *Enrichment and separation of traces of cadmium, chromium, lead and manganese ions in urine by using magnesium hydroxide coprecipitation method.* Trace elements and electrolytes 18. 3 129-133.

Saracaloğlu, A. S. (1993). "Fen ve Edebiyat Fakülteleri öğrencilerinin öğretmenlik mesleğine yönelik tutumları", *İzmir I. Eğitim Kongresi Bildirileri (Kasım 1991),* 565–569, İzmir: Buca Eğitim Fakültesi Yayını.

Seferoğlu, S. S. (2004). *Öğretmen Yeterlilikleri ve Mesleki Gelişim.* Bilim ve Aklın Aydınlığında Eğitim Dergisi. Sayı 58.

Semerci ve Semerci. (2004). Fırat Üniversitesi Sosyal Bilimler Dergisi Fırat University Journal of Social Science Cilt: 14, Sayı: 1, Elazığ

Sevim, Y. ve Gezer. (2008). *Kadınların Çalışma Hayatındaki Konumu, Kadın Öğretmenlerin Öğretmenlik Mesleğine Bakış Açıları ve Çalışma Ortamlarında Risk ve Sorumluluk Üstlenebilme Durumları* (Elazığ İli Örneği), Yayınlanmış Yüksek Lisans Tezi. Cilt 3, Sayı 1.

Sezgin, İ. (1984). *Mesleki ve Teknik Eğitimin Eğitim Hizmetlerindeki Yeri ve Önemi.* Tercüman Milli Eğitim Sempozyumu, Ankara.

Sherif, M. ve Sherif, C.W. (1996). *Sosyal Psikolojiye Giriş II* (Çev: M. Atakay ve A. Yılmaz).

Silverman, S, Subramaniam, P.R, Woods, A.M. (1998). Task structures, student practice, and student skill level in physical education. The Journal of Educational Research.ilverman, S. T. E. P. H. E. N., AMELIA MAYS Woods, and P. R.

Smith, M. B. (1968). *Attitude Change, İnternational Encylopedia of the Social Sciences,* Crowell Collier and Mac Millan.

Smith, I. M. (1973). "Changes in students' attitudes to teaching", *Higher Education*, *2*(3),361-376.

Sönmez,H. (1994). *Program Geliştirmede Öğretmen El Kitabı.* Adım Yayıncılık, Ankara.

Su, Z. (1997). "Teaching as a profession and as a career: minority candidates' perspectives", *Teaching & Teacher Education, 13* (3), 325–340.

Subramaniam, L. (1999). *Feedback and practice in physical education: Interrelations with task structures and student skill level.* Journal of Human Movement Studies 36. 5 203-224.

Sürücü, A. (1997). *"Öğretmenlik Formasyonu Alan Öğrencilerin Öğretmenlik Mesleğine Yönelik Tutumları",* Yayımlanmamış Yüksek Lisans Tezi, Selçuk Üniversitesi Sosyal Bilimler Enstitüsü, Konya.

Şahin, N. (1992). "Arifiye Anadolu öğretmen lisesi 3. sınıf öğrencilerinin öğretmenliğe ilişkin tutumlar",. *Yayınlanmamış Yüksek Lisans Tezi,* Hacettepe Üniversitesi Sosyal Bilimler Enstitüsü, Ankara.

Şenel E. A. (1999). *"Öğretmenlik Sertifikası Programına Katılan Öğretmen Adaylarının Öğretmenlik Mesleğine Yönelik Tutumlarına Öğretim Uygulamalarının Etkisi",* Yayımlanmamış Yüksek Lisans Tezi, Anadolu Üniversitesi Sosyal Bilimler Enstitüsü, Eskişehir.

Şimşek, H. (2000). *Nitel Araştırmanın Planlanması. Sosyal bilimlerde nitel araştırma yöntemleri.* Seçkin Yayınları 2. Baskı, Ankara.

Şirin F., ve Bozkurt İ. (2005). *İlköğretim Okullarında Görev Yapan Sınıf Öğretmenlerinin Beden Eğitimi Dersi ile İlgili Tutum ve Uygulamaları.* 4. Ulusal Beden Eğitimi ve Spor Öğretmenliği Sempozyumu. 10-11 Haziran. Bursa.

Taba, H. (1962). *Curriculum Development Theory and Pratica,* New York, Harcourt, Teaching in Physical Education. Journal 16.

Tamer, K., Pulur, A. (2001). *Beden Eğitimi ve Sporda Öğretim Yöntemleri.* Ada Matbaacılık Lit. Şik. Ankara.

Tanrıöğen, A. (2006). *Eğitim Bilimine Giriş,* Anı Yayıncılık.

Tanrıöğen, A. (1997). *Buca Eğitim Fakültesi Öğrencilerinin Öğretmenlik Mesleğine Yönelik Tutumları,* Yüzüncü Yıl Üniversitesi, Eğitim Fakültesi Dergisi. Sayı 3.

Tanrıverdi H.D. (2008). *Ana Sınıfı Öğretmenlerinin Mesleğe Yönelik Tutumlarıyla Anasınıfı Eğitim Programında Öngörülen Hedeflere Ulaşma Derecesi Arasındaki İlişki,* 1. Uluslararası Türkiye Eğitim Araştırmaları Kongresi Bildiri Kitabı, Çanakkale.

Taşkın Şahin, Ç. ve Hacıömeroğlu, G. (2010). *İlköğretim Bölümü Öğretmen Adaylarının Mesleğe Yönelik Tutumları: Nicel ve Nitel Verilere Dayalı Bir İnceleme.* İlköğretim Online (Elementary Education Online).

Tavşancıl, E. (2002). *Tutumların Ölçülmesi ve SPSS ile Veri Analizi.* Nobel Yayın Dağıtım, Ankara.

Tekerci, H. (2008). *"Farklı Okul Öncesi Eğitim Kurumlarında Çalışan Öğretmenlerin Mesleki Doyumlarının ve Tutumlarının İncelenmesi"*, Yüksek Lisans Tezi, Gazi Üniversitesi, Eğitim Bilimleri Enstitüsü, Ankara.

Tekin, M. ve ark. (2009). *Beden eğitimi ve spor yüksekokulunda öğrenim gören öğretmen adaylarının çeşitli değişkenlere göre demokratik tutumlarının incelenmesi." Niğde Üniversitesi Beden Eğitimi ve Spor Bilimleri Dergisi* 3. 3 204-212.

Terzi, A. R. ve Tezci E. (2007). *Necatibey Eğitim Fakültesi Öğrencilerinin Öğretmenlik Mesleğine İlişkin Tutumları.* Kuram ve Uygulamada Eğitim Yönetimi. Sayı 52.

Tezbaşaran, A. (1997). *Ölçek Geliştirme Klavuzu.* Türk Psikologlar Derneği Yayınları, Ankara.

Tezcan, M. (1994). *Eğitim Sosyolojisi.* 9. baskı. Ankara: Zirve Ofset.

Thompson, K. (1996). *"Physical education and sport in Hunter region primary schools."* Unpublished doctoral thesis, Newcastle University, Galler.

Thurstone, L. (1946). Atitudes Can Be Measured, Readings In Atitude Theory And Measurment, Ed: Martin Fishbien. New York.

Tschannen-Moran, M ve Woolfolk Hoy, A. (1998). *Teacher efficacy: It's meaning and measure.* Review of Educational Research.

TTKK (Talim Terbiye Kurulu Kararı).

Turgut, M. F. (1977). *Tutumların Ölçülmesi*, Yayınlanmamış Ders Notu No 7, Ankara, Hacettepe Üniversitesi.

Tyler, W.R. (1950). *Basic Principles of curriculum development and instruction*, Chicago University of Chicago Press.

UMBS (Ulusal Mesleki Bilgi Sistemi).

Ünlü, H. (2008). *Beden Eğitimi Öğretmenliği Mesleğine Yönelik Tutum Ölçeği (BEÖYTÖ) Geliştirilmesi.* Yayınlanmış Doktora Tezi. Aksaray Üniversitesi.

Üstün, E., Erkan, S., Akman, B. (2004). *Türkiye'de Okulöncesi Öğretmenliği Öğrencilerinin Öğretmenlik Mesleğine Yönelik Tutumlarının İncelenmesi.* Kırgızistan-Türkiye Manas Üniversitesi Bilimler Dergisi. Sayı 10.

Varış, F. (1973). *Eğitimde program geliştirme: Teori ve teknikler.* Ankara, Ankara Üniversitesi Eğitim Fakültesi Yayınevi.

Varış, F. (1988) . *Eğitimde Program Geliştirme. "Teori ve Teknikler".* Dördüncü baskı. Ankara: Ankara Üniversitesi Eğitim Fakültesi Yayınları.

Wiske, M.S. (1988). *How technology affects teaching.* Educational Technology Center, Cambridge, MA, Eric No=ED296706.

www.iskur.gov.tr

Yalın, H.İ. (2003). *Öğretim Teknolojileri ve Materyal Geliştirme.* Nobel Yayınları, Ankara.

Yavaş, M. ve A. İlhan. (1997). *Beden Eğitimi ve Sporda Özel Öğretim Yöntemleri.* Melisa Matbaacılık, Bursa.

Yaylacı, H.S. ve F. Yaylacı. (1999). *Eğitim Teknolojisi Dersinde Öğretim Materyallerinin Geliştirilmesi*, AKÜ Sos. Bil. Dergisi. Sayı 3.

EKLER LİSTESİ

Ek- 1

BEDEN EĞİTİMİ ÖĞRETMENLİĞİ MESLEĞİ TUTUM ÖLÇEĞİ

Bu ölçek,**Beden Eğitimi Öğretmenliği Mesleği**ile ilgili tutumunuzu ölçmek için hazırlanmıştır. Her bir cümlenin karşısındaki size en uygun olan kısmı **(X)** işaretleyiniz.

Vereceğiniz cevaplar gizli tutulacak ve araştırma amacı dışında kullanılmayacaktır. Yardımlarınız için şimdiden teşekkür ederim.

Doc.Dr.Hakkı ÇOKNAZ Öğr.Harun YUVACI

1.Cinsiyetiniz : Kadın ( ) Erkek ( )
2.Meslek deneyiminiz : 0-5yıl ( ) 6-10yıl( ) 11-15yıl ( ) 16-yuk. yıl ( )
3.Spor salonunuz var mı : Var ( ) Yok ( )
4.Mezuniyet : BESYO ( ) Sınıf Öğretmenliği ( )

Ek- 2

	Tutumlar	Tamamen katılıyorum	Katılıyorum	Kararsızım	Katılmıyorum	Hiç Katılmıyorum
1	Beden eğitimi öğretmenliği ile ilgili her şey ilgimi çeker.	( )	( )	( )	( )	( )
2	Mümkün olsa beden eğitimi öğretmenliği yerine başka bir mesleği seçerdim.	( )	( )	( )	( )	( )
3	Beden eğitimi öğretmenliği bölümünü iş garantisi olduğu için seçtim, yoksa seçmezdim.	( )	( )	( )	( )	( )
4	Boş zamanlarımda beden eğitimi ve sporla (öğretmenliğiyle) ilgili çalışmalar yaparım.	( )	( )	( )	( )	( )
5	Topluma karşı olan sorumluluğumu beden eğitimi öğretmeni olarak daha iyi yerine getirebilirim.	( )	( )	( )	( )	( )
6	Sürekli sporla iç içe olmayı gerektirdiği için beden eğitimi öğretmenliğine karşı soğuk duruyorum.	( )	( )	( )	( )	( )
7	Benim için en uygun mesleğin beden eğitimi öğretmenliği olduğuna inanıyorum.	( )	( )	( )	( )	( )
8	Beden eğitimi öğretmenliğinin toplumdaki değerini kaybettiğini düşünüyorum.	( )	( )	( )	( )	( )
9	Beden eğitimi dersleri çok zevkli geçiyor.	( )	( )	( )	( )	( )
10	Beden eğitimi öğretmenliğinin öğrencilere dostluk, kardeşlik, sportmenlik vb. erdemleri öğretebilmek için iyi bir meslek olduğunu düşünüyorum.	( )	( )	( )	( )	( )
11	Okuldaki diğer öğretmenlerle kıyaslandığında beden eğitimi öğretmenliği, diğer branş öğretmenlerinden daha az önemlidir.	( )	( )	( )	( )	( )
12	Başka imkânım olsa beden eğitimi öğretmeni olmak istemezdim.	( )	( )	( )	( )	( )
13	Beden eğitimi öğretmeni olamayacağımı düşünmek beni beden eğitimi öğretmenliğinden soğutuyor.	( )	( )	( )	( )	( )
14	Beden eğitimi öğretmenin ders dışında da yerine getirmesi gereken oldukça fazla sorumluluklar bulunmaktadır bu beni korkutuyor.	( )	( )	( )	( )	( )
15	Beden eğitimi öğretmenliği mesleğinde özellikle mesleğin ilk yıllarının zor geçeceğini düşünüyorum.	( )	( )	( )	( )	( )
16	Benden yeni bir meslek seçmem istense hiç tereddütsüz yine beden eğitimi öğretmenliği mesleğini seçerdim.	( )	( )	( )	( )	( )
17	Beden eğitimi öğretmenliği mesleğini sporun içinden geldiğim için seviyorum.	( )	( )	( )	( )	( )
18	Beden eğitimi öğretmenliği mesleğini bölümü kazanmak kolay olduğu için seçtim yoksa seçmezdim.	( )	( )	( )	( )	( )
19	Yetiştirdiğim öğrencilerin iyi birer sporcu olmaları, sporu sevmeleri ve ileriki yaşamlarında da spor yaptıklarını görmek beni mutlu eder.	( )	( )	( )	( )	( )
20	Bence beden eğitimi ders saatleri daha fazla olmalı.	( )	( )	( )	( )	( )
21	Çocuklarla birlikte olmanın onlarla aynı ortamı paylaşmanın ve onlara bir şey öğretmenin yerini hiç bir şey tutmaz.	( )	( )	( )	( )	( )
22	Beden eğitimi öğretmenliği bilginin yanı sıra sportif yeteneklerde isteyen bir meslektir, bu beni endişelendiriyor.	( )	( )	( )	( )	( )
23	Aslında beden eğitimi öğretmeni olmaktan ziyade sporunda içinde olmak beni beden eğitimi öğretmenliğine yöneltiyor.	( )	( )	( )	( )	( )
24	Beden eğitimi öğretmenlik formasyonumu ve niteliklerimi geliştirmek için elimden geleni yapmak isterim.	( )	( )	( )	( )	( )
25	Tüm öğrenim hayatım boyunca beden eğitimi öğretmeni olmak istedim.	( )	( )	( )	( )	( )

Ölçek Kullanım İzni

> ----- İletilen Mesaj -----
> Kimden: "Hüseyin Ünlü" <unlu68@gmail.com>
> Kime: "Hakkı Çoknaz" <coknaz_h@ibu.edu.tr>
> Gönderilenler: 4 Nisan Cuma 2014 13:51:25
> Konu: Re: İZİN

> Merhabalar Hocam
> Ölçeği tabiki kullanabilirsiniz.
> Iyi çalışmalar.

> 4 Nis 2014 tarihinde 09:22 saatinde, Hakkı Çoknaz <coknaz_h@ibu.edu.tr> şunları yazdı:

>> Sayın Hüseyin Hocam,

>> Sizi telefonla 3-4 defa aradım ama ulaşamadım.

>> "Sınıf Öğretmenliğinden Beden Eğitimi Öğretmenliğine Geçiş Yapan Beden Eğitimi Öğretmenleri İle Beden Eğitimi Öğretmenlerinin Beden Eğitimi Mesleğine Yönelik Tutumlarının Karşılaştırılması (Kocaeli İl Örneği)" isimli yüksek lisans çalışmamızda BEDEN EĞİTİMİ ÖĞRETMENLİĞİ MESLEĞİ TUTUM ÖLÇEĞİ'nizi kullanmak istiyoruz. Etik kurulunun onayını alabilmemiz için sizden izin almamız gerekiyor. Eğer siz de izin verirseniz, bana bir e-maille bile olsa kabul yazısı gönderebilir misiniz?

>> Saygılarımla...

>> Doç.Dr. Hakkı ÇOKNAZ
>> Abant İzzet Baysal Üniversitesi
>> Beden Eğitimi ve Spor Yüksekokulu
>> Beden Eğitimi Öğretmenliği Bölümü
>> 14280 Gölköy-BOLU
>> -----------------------------------
>>Assoc.Prof.Dr. HAKKI COKNAZ
>> Abant Izzet Baysal Uiversity
>> School of Physical Education And Sport
>> Department of Teaching of Physical Education
>> 14280 Gölköy-Bolu-TURKEY

Ek- 3

Araştırma İzin Belgesi

T.C.
KOCAELİ VALİLİĞİ
İl Milli Eğitim Müdürlüğü

Sayı : 99332089/355.03/1781870 06/05/2014
Konu: Araştırma İzni
(Harun YUVACI)
(0555 497 55 23)

VALİLİK MAKAMINA
KOCAELİ

İlgi: Millî Eğitim Bakanlığına Bağlı Okul ve Kurumlarda Yapılacak Araştırma ve Araştırma Desteğine Yönelik İzin Ve Uygulama Yönergesi.

Abant İzzet Baysal Üniversitesi Beden Eğitimi Öğretmenliği Anabilim Dalı, Beden Eğitimi Öğretmenliği Bilim Dalı Yüksek Lisans Öğrencisi Harun YUVACI'nın, "Sınıf Öğretmenlerinden Beden Eğitimi Öğretmenliğine Geçiş yapan Beden Eğitimi Öğretmenleri ile Beden Eğitimi Öğretmenlerinin Beden Eğitimi Mesleğine Yönelik Tutumlarının Karşılaştırılması(Kocaeli İli Örneği)" konulu tez çalışmasını İlimiz II.Kademe Ortaokullarında görev yapan Beden Eğitimi Öğretmenlerine gönüllülük esasına göre uygulama talebi, ilgili Üniversitenin 04.04.2014 tarih ve 605-330 sayılı yazıları ile bildirilmektedir.

Adı geçenin söz konusu çalışmasına esas olmak üzere, ekte sunulan çalışmayı İlimiz II.Kademe Ortaokullarında görev yapan Beden Eğitimi Öğretmenlerine uygulama talebi komisyonumuzca uygun görülmüş olup, Müdürlüğümüzce de uygun görülmektedir.

Makamlarınızca da uygun görüldüğü takdirde olurlarınıza arz ederim.

Fehmi Rasim ÇELİK
İl Millî Eğitim Müdürü

OLUR
..../05/2014

Derviş Ahmet SET
Vali a.
Vali Yardımcısı

21-05-14
EMEL ÇAĞLAM YAVUZ
ŞEF

Bu belge, 5070 sayılı Elektronik İmza Kanununun 5 inci maddesi gereğince güvenli elektronik imza ile imzalanmıştır

Ömerağa Mah. Ankara Cad. Valilik Binası Kat:2
Elektronik Ağ: www..kocaelimem.meb.gov.tr
E-posta: stratejigelistirme41@meb.gov.tr

Ayrıntılı bilgi için: Dilek YAYLA
Tel: (0262) 331 33 03

Ek- 4

ÖZGEÇMİŞ

Adı-Soyadı	: Harun YUVACI
Sürekli Adresi	: Kayacık mah. İznik yolu cad. 2208.sok. Park yaşam sitesi No:24/D2 Kocaeli/ Karamürsel
Doğum yeri ve yılı	: Sivas-1984
Yabancı Dili	: İngilizce
İlköğretim	: Ulaş İlköğretim Okulu
Ortaöğretim	: Sivas İmam Hatip Lisesi
Lise	: Sivas İmam Hatip Lisesi
Lisans	: Sivas Cumhuriyet Üniversitesi
Anabilim Dalı	: Beden Eğitimi Öğretmenliği
E-posta	: yuvaciharun@gmail.com
Çalışma Hayatı	: 2007-2008 Eğitim-Öğretim yılı Gazanfer Bilge İlköğretim Okulu Sınıf Öğretmenliği (Ücretli)
	2008-2009 Yalova Belediyesi İtfaiye Müdürlüğü (İtfaiye Eri)
	2009-2015 Kocaeli Büyükşehir Belediyesi İtfaiye Daire Başkanlığı Müdahale Şube Müdürlüğü (İtfaiye Eri)

FSC
www.fsc.org
MIX
Papier | Fördert
gute Waldnutzung
FSC® C083411

Kolibri 360 GmbH
Ferdinand-Jühlke-Straße 7
99095 Erfurt, Deutschland
produktsicherheit@kolibri360.de

Druck:
CPI Druckdienstleistungen GmbH
im Auftrag der
Kolibri 360 GmbH
Ferdinand-Jühlke-Str. 7
99095 Erfurt